基地と沖縄経済

ひずみの構造

はじめに

本土復帰以降も沖縄経済は、米軍基地がなければ成り立たないと言われてきた。だが、現実は基地収入の比重は減り続け、人口が密集する本島中南部に鎮座する米軍基地は、経済発展の阻害要因となっている。これは、基地返還後に開発された北谷町ハンビー・美浜地区や那覇新都心などが、大きな経済効果と雇用を生んでいることからも明らかである。

しかし、「沖縄は基地で食っている」という誤解、幻想は県内外で今なお根強い。基地あるが故に国から多額の補助金をもらっているというイメージもあるが、二〇一一年現在、国が沖縄へ投資する沖縄振興費は十四年前の半分以下で、北部振興費など基地受け入れの見返りに新設された予算は事実上、これまでの沖縄予算を振り向けただけにすぎないのである。

一方、戦後六十七年続いた基地依存の構造は、沖縄社会のひずみとなって現れている。軍用地の投機商品化や米軍人用高級住宅の建設ラッシュなどがその例だ。また、基地交付金などに依存した財政から脱しきれない自治体もある。

長年、県内外で言い古された「沖縄は基地がないと食っていけない」という誤解を解くという狙いから、琉球新報は「ひずみの構造―基地と沖縄経済」の連載をスタートした。本書は、二〇一一年一月一日から八月二十四日までの同連載に一部加筆・修正し、まとめた。発刊にあたり、肩書、数字等は連載当時のままとした。

第1部　依存神話

第2部　脱・依存財政

第3部　跡地を歩く

第1部

依存神話

〝安全〟な金融商品に

在沖米軍用地が県外在住者に購入された事例が二〇〇七、〇八年度の二年で六十五人、約三万四千平方メートル（三・四ヘクタール、約一万二八五坪）に上ったことが防衛省の資料で明らかになった。ここ数年、軍用地が投資の対象となっているが、県外への取引の実態が分かったのは初めて。関係者からは「県外に軍用地主が散らばると、跡地利用の前提となる地主の合意形成作業に支障が出るのではないか」といった懸念も出ている。

防衛省によると、売買により県内から県外在住者の所有となった軍用地は〇七年度は三十二人・約一万五千平方メートル、〇八年度は三十三人・約一万九千平方メートルだった。県内から県外在住者に所有権移転がなされた総数は二一三件。うち六九・五％は相続、贈与などで、売買は三〇・五％だった。

県内では〇五年ごろから軍用地の県外への売買が見られるようになり、最近はインターネット上の情報で取引がされるなど、一種の金融商品化している。

軍用地料は毎年上昇することが金融商品としての魅力だが、上昇する理由には、基地の安定提供とともに県民が負担している米軍基地のリスクへの対価という側面もある。そのため、基地負担を負わない県外在住者が軍用地の収益だけを得ることに対し、地主会などには批判の声もある。

■軍用地

「軍用地は低リスクで三％程度の利回りが見込める、一種の定期預金と考えればいいですよ」と話すのは宜野湾市で不動産業を営む比嘉安信さん。同社は年間五～十件の軍用地を仲介するが、最近は同社ホームページ（ＨＰ）を見て購入する県外在住者も出てきた。「公図や地形図などを送って説明し、代金を振り込んでもらう」。沖縄に足を運ぶこともない。

以前から根強い人気だった軍用地だが、二〇〇五年ごろから不動産業者がＨＰなどで「安定した金融商品」「沖縄の基地が生んだ優良物件」と売り出したころから買い手が増えた。

売価が一千万～二千万円程度になるよう分筆するようになり、買いやすさにつながった。比嘉社長は「圧倒的に県内での取引が多いが、多くは退職金や定期預金代わりの投資先。リーマン・ショック後、株や投資信託で損をした人たちが、預金より金利がよくて安全だと軍用地に資金を振り向けている」と言う。

軍用地は坪単価を基準とする民間地と違い、年間借地料に「倍率」といわれる係数を掛けて売買額が決まる。返還の見通しが低いほど倍率は高く、嘉手納基地は三十～三十五倍。普天間飛行場は、〇九年に鳩山由紀夫首相（当時）が「最低でも県外」と公約して政権を取った後は返還が近いとみなされ二十二倍に下がったが、現在は二十四倍に持ち直している。別の不動産業者によれば、人気の那覇軍港の最近の取引例は五七平方メートル（一七・四坪）で一千万円弱。「こんな小さな土地、返還されても使えない。通常の土地を所有する感覚じゃなく、金融商品だから広さや形状は関係ない」と言う。

軍用地売買の広告や看板は日常見られる光景（コラージュ）

沖縄戦後、米軍の強制的な土地接収に反対した「島ぐるみ闘争」を発端に、無償同然だった軍用地料は引き上げられ、復帰後は毎年上昇した。代替わりを経て、軍用地は「銃剣とブルドーザーで取り上げられた先祖の土地」から金融商品へ変わりつつある。

「事業仕分け」の標的に

■更新協力費

「（軍用地が）金融商品的に取引をされている報道もある。切り売りされて、ばら売りされて、持っている人は全然関係ない東京の人だとか、（中略）そういう人にも更新協力費は払われるのか」。

二〇一〇年十一月に東京都内で開かれた第一回の事業仕分け。第三ワーキンググループ（WG）では沖縄県内で米軍用地の二十年の長期賃貸契約をした地主に対し支払われる「更新協力費」が〝仕分け〟の対象に挙げられた。

更新協力費はいわば二十年もの長期契約に応じる地主への礼金。次の契約更新がある一二年度に地主一人当たり十万円、総額三十六億円の予算計上が予定されている。

が、更新協力費の廃止を求める財務省は軍用地が金融商品化していることを材料に「政策的使命は終えた」と攻めてきた。評価者に配布されたのは「軍用地売買　歴史失い『金融商品』に」の琉球新報記事の抜粋。県内で軍用地が低金利時代の格好の投資先となっていることを報じている。

県軍用地等地主会連合会（土地連）の浜比嘉勇会長は軍用地売買が金融商品化していると見られることを強く危惧する。「マスコミで報じられるほど軍用地の売買、特に県外への売買は多くない。先祖伝来の土地を積極的に県外に売ろうという地主は少ない」と力説する。確かにデータのある〇七、〇八年度に限っていえば県外在住者への売買は二年間で六十五人。面積も三・四ヘクタールと在沖米軍基地の〇・〇一五％だ。

しかし、ある不動産業者は地主の意識の変化を挙げる。「戦後すぐの地主からすれば三代目に移りつつあり、土地を奪われた祖父母の苦労も知らない世代になった。相続を経て細切れになった土地では返還されても活用できないとみて売却する事例が出てきた」。

更新協力費が仕分け対象に挙げられた「事業仕分け」第３WG
＝2010年11月26日（政府インターネットテレビより）

結局、ＷＧで更新協力費は「予算要求通り」となった。しかし評価者は、先祖伝来の土地を強制接収された地主に対しては「更新に協力してもらう精神的負担として」と支払いに理解を示したが、「売買目的で取得した地主に支払うのは合理的な説明がつかない」「一律に支払わず、先祖代々の土地を所有・継続した場合に限るとしたほうがよい」などの意見を付けた。

財務省の本格的な狙いは毎年上昇してきた軍用地料の押さえ込みだ。沖縄の過重な基地負担の〝代償〟の意味合いに加え、米軍基地の安定使用を保障してきた軍用地料。安定上昇する金融商品と喧伝《けんでん》されることが減額の材料とされる皮肉な現象が起こりつつある。

「返還後」に増す期待

■意識変化

二〇一一年度予算案が決まる直前の二〇一〇年十二月十五日。軍用地料の増額を求めて北沢俊美防衛相と面談した県軍用地等地主会連合会（土地連）の浜比嘉勇会長は「上積みがなければ一二年度からの長期契約には応じない」と突き付けた。土地連が契約拒否の方針を出したのはこれが初めて。面談後、浜比嘉会長は「土地連は協力するだけの団体ではない」と語気を強めた。

二十年長期契約の交渉が本格化するのを前に拒否のカードを持ち出したのは、単に交渉術というだけではなく、土地連自体が地主の意識変化を肌で感じているからだ。

「那覇新都心を見ても北谷町のハンビー飛行場跡を見ても、中南部の基地は返還された方が土地の価値が高くなっている。その事例を目の当たりにして、地主の意識も変わってきている」と浜比嘉会長は話す。

北沢俊美防衛相（右）に借料値上げを要請する浜比嘉勇土地連会長。その後の交渉で、契約拒否に言及した＝2010年２月18日、防衛省

米軍牧港住宅地区だった那覇新都心は返還後、開発に二十年以上かかったものの、今や県内商業の中心地に生まれ変わった。

不動産関係者によると、モノレールおもろまち駅近くの商業施設の借地料は一坪（三・三平方メートル）当たり年間三万六千円。その近くのオフィスビルは三万二、四〇〇円。駅や国道から離れた場所で二万円程度で、新都心地区を平均すると三万円が相場だという。同地区で道路や公園などのため保有地が削られる「減歩率」三〇％を差し引いても単純計算で借地料の相場は二万一千円になる。

一方、軍用地の借料は最も高い那覇港湾施設（那覇軍港）で一坪当たり年間一万九、四一五円。浦添市の牧港補給地区で八、一〇三円、普天間飛行場で六、二二八円。いずれも宅地としての単価で、同基地内でも宅地見込地など地目が違えば単価は二〜四割下がる。

北谷町の美浜、ハンビー地区は米軍の射撃訓練場と飛行場だった。県の試算によると、両地区の返還前の基地関連収入は年間三億三千万円。返還後の建設投資や進出した店舗、サービス産業の売上高などを合わせた直接効果は五七三億円。返還前の一七四倍にもなる。しかもハンビーは返還時の基地従業員は約百人。返還後の九九年時点の就業者は九千六百人を超え、雇用を生んでいる。

浜比嘉会長は「嘉手納より南の基地を持つ地主の中で、跡地利用への期待は高まっている。前回契約時の二十年前とは違う」と話した。

変わる生産の場

■土地の意味

「土地は命綱だ」と叫ぶ人たちを、銃を構えた米兵がはじき飛ばした。一九五五年七月。豊富な水量で美田として知られた宜野湾村伊佐浜（当時）を守ろうと、伊佐浜の住民だけでなく県内各地から人々が集まっていた。しかし武装した米軍は人々を蹴散らして周辺に鉄条網を張り、ブルドーザーで家屋を壊して水田に土砂を流し込んだ。

戦後、仏領インドシナ戦線から故郷伊佐浜に戻った沢岻安一さん（八九）＝宜野湾市伊佐＝は被弾した左足をかばいつつ、戦火で荒れ果てた土地を開墾し、豊かな収穫を待っていたが、「銃剣とブルドーザー」の前には無力だった。沢岻さんは「土地が殺された。あれだけ多くの利益を上げた土地が永久に失われたという悲嘆が心の奥深く染み通った」という。見る間に土砂に埋まる田んぼに、伊佐浜の人たちは立ち直れないほどの衝撃を受けた。

米国民政府は戦時中から囲い込んでいた土地を五二年の対日講和条約発効後も使い続け

るため、地主に借地料を支払う手続きを始めた。『戦後沖縄経済史』(琉球銀行調査部編)によると、五〇年に米国民政府が出した約一万六千ヘクタールの軍用地の評価額は一千万ドル。一坪当たり二〇・六B円で、たばこ一箱二一B円とほぼ同じ。しかも契約は二十年の長期だった。あまりの安さに応じる地主はほとんどなく、手続きはすぐに行き詰まった。

そのため米軍は五二〜五三年にかけ布令を発し、真和志村安謝、小禄村具志、伊江島、読谷などを次々と強制的に接収していった。

米軍の強硬措置に対抗して五三年、市町村軍用土地委員会連合会(土地連、現在の県軍用地等地主会連合会)が発足し、軍用地闘争の母体として活動していく。

五四年に米軍は軍用地を買い上げる〝一括払い〟を明らかにし、五六年にはプライス勧告を出して一括払いを推進した。沖縄側の不満は一気に高まり、一括払い反対や適正地代の支払いなど四原則を求める住民運動に発展した。五六年には「四原則貫徹県民大会」が那覇高校グラウンドで開かれ、十六万人が結集したといわれる。〝島ぐるみ闘争〟は全県的な住民運動のうねりとなった。

闘争は五八年、米国民政府が借地料の引き上げと毎年払いで譲歩したことで最終的には決着する。しかしその後、人々の生産基盤であった土地は軍用地料のみを生み出す場に変質し、戦後沖縄の経済構造を変えていく。

海外移住し苦闘

■農地奪われ

「米軍に土地を奪われて運命が変わったんでしょうね。流されるしかないと思って生きてきた」と話すのは沢岻安三郎さん（六八）＝宜野湾市伊佐。伊佐浜の土地闘争で米軍に住まいも農地も強制接収され、ブラジルに移住した経験を持つ。先祖伝来の土地は米軍キャンプ瑞慶覧内にあり、かつての美田は芝生と広い駐車場になっている。

戦前、沖縄経済の中心は農業だった。一九三〇年の職業別人口は農業が七三％を占め、全国の約五〇％を大きく上回っていた。工業人口は一一％しかなかった。農業の六〇％が五反（四、九五〇平方メートル）以下の小規模農家だった。

戦後、焦土と化した郷里に戻った住民は農業で復興を目指した。宜野湾市伊佐浜の住民も戦火で荒れた土地を開墾し、食糧を確保しようとした。しかし東西冷戦を背景に、米軍は沖縄を軍事拠点とすることを目指して沖縄の人の土地を容赦なく「銃剣とブルドーザー」と呼ばれた横暴なやり方で奪い、広大な面積を確保して基地を建設した。

生活の場を失った沢岻さんの両親はブラジル移住を決意する。「広い土地のある豊かな国。人種差別もないだろう」。中学三年だった沢岻さんも夢を抱いた。五七年、沢岻さん一家を含む伊佐浜の十世帯六十人がブラジルに渡った。

しかし待っていたのは日雇いの過酷な労働だった。朝六時から夕方六時まで監督の指示でひたすらコーヒー園の草取りをした。夜が明けるまでは寒く、日中は焼け付くような暑さ。土ぼこりが鼻や口に入り、痰《たん》を吐くと、どろどろした塊が出た。

母ツルさんが体調を崩し、一家は五年で帰国した。伊佐浜の集団移住で唯一の帰国世帯だ。中には沖縄の土地を売ったため帰国できなかった家族もいた。激しいインフレのためブラジルで貯めた金は価値を失っていた。那覇港が見えた時、沢岻さんは懐かしさと生活の不安で涙がぽろぽろこぼれたという。

本土では高度成長期以降、海外移民はほとんどなくなったが、米軍政下にあった沖縄では海外移民が続いた。伊佐浜のように農地を追われた人々も含まれた。

沖縄本島中南部の多くの優良農地が米軍に基地として強制接収され、移民に出なくとも農業で生きる道は閉ざされた。基地周辺の細々とした黙認耕作地での農業は戦前よりも零細なものだった。農業に代わり、米軍基地建設などの軍作業が生活の手段となっていく。

返還見据えた活動も

■地主会の役割

島ぐるみ闘争を経て沖縄側は地料の値上げを勝ち取ったが、地主が納得するような金額ではなかった。米軍は商業に打撃となるオフ・リミッツ（米軍人・軍属の民間地域への立ち入り禁止措置）をちらつかせ、闘争の沈静化を図った。復帰前の状況を知る地主は「民間相場には到底及ばなかった」「銀行から担保価値はないとみなされた」と振り返る。

地主が安定した収入を得るようになったのは復帰後だ。一九七二年度の米軍用地料総額は一二三億円で、〇八年度は七八四億円。基地面積は復帰時から一八・七％減少したが地料は六・三倍になった。伊佐浜の土地闘争に参加した沢岻安一さん（八九）も「復帰してから地料が上がり生活が楽になった」と恩恵を語る。七二～九一年までは、地料は六～一〇％台の上昇率で推移した。島ぐるみ闘争では住民運動の母体となった県軍用地等地主会連合会（土地連）は、地主の利益団体として地料引き上げが主活動になった。

二十年間の長期賃貸借契約を国と結んだ九二年度は、バブル経済下の地価上昇とも相まって地料の上昇率は一〇・五％。その後もバブル崩壊による地価水準の落ち込みに逆らい、軍用地料は上がり続けた。

県内の基準地価は九二年度を一〇〇とした場合、〇九年度は八四・九と一五・一ポイント下がった。しかし軍用地は九二年度を一〇〇とすると、〇八年度は一五一・六で五一・六ポイント上昇した。

米軍用地料の総額と上昇率

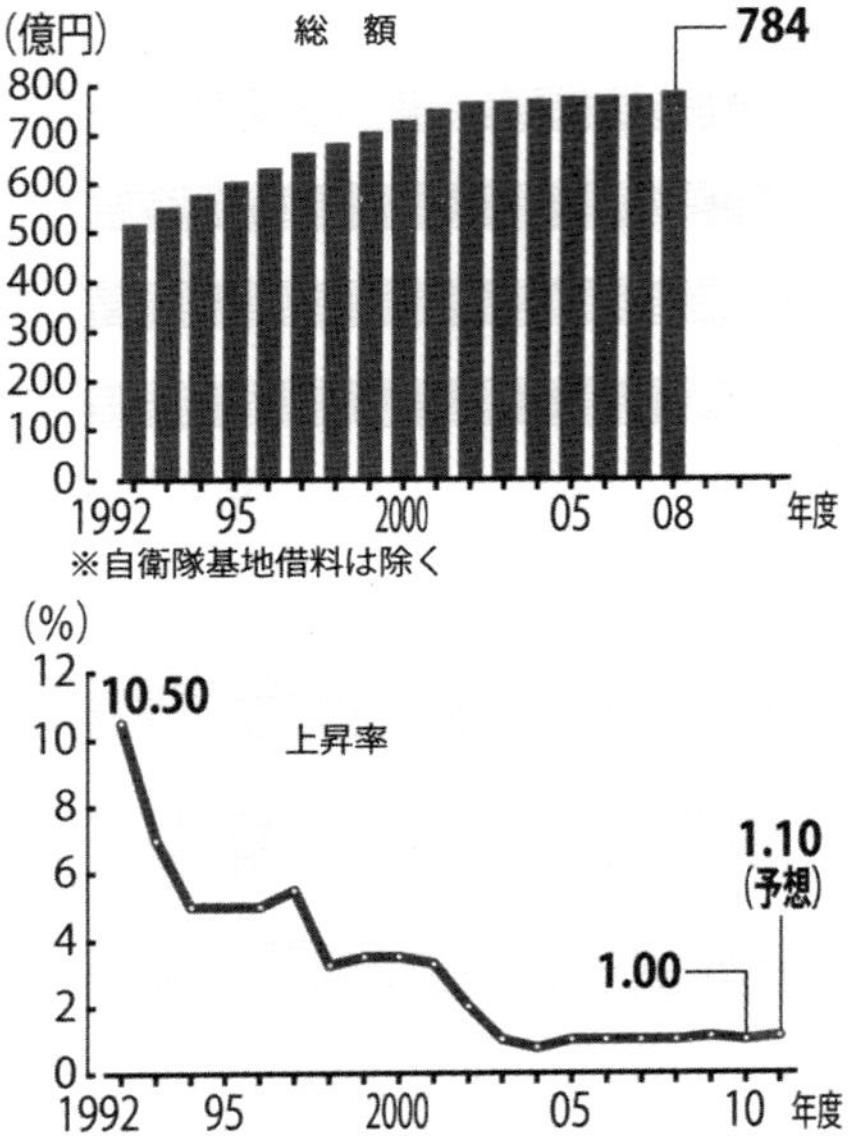

上昇し続ける理由は、米軍に安定的に基地を提供するという日本政府の政策意図とともに、「復帰前の米軍による強制接収、復帰後も続く過重な基地負担に対する償いの意味もある」と元防衛省幹部は指摘する。しかし、上昇する地料が、軍用地金融商品化の大本にもなっている。

軍用地問題は二十年間の長期賃貸借契約が切れる二〇一二年度が岐路となる。地料の上昇率も三位一体改革後は一%前後に抑えられ、一一年度予算は概算要求前は初の減額が提示された。

一方、地主にも変化が訪れている。地主の平均年齢は七十歳前後とされ、高齢化が進む。宜野湾市軍用地等地主会の又吉信一会長は普天間飛行場の跡地利用を考える次世代の「若手の会」を支援する。「中部から人材が輩出されないのは軍用地料がある故、ハングリー精神が失われたという反省がある。地料に依存せず、人材育成に生かさなければならない」と話す。そして「『返還してよかった』と思える返還の枠組みをつくるための活動も土地連の重要な役割だ」と強調した。

商業施設拡充で減少

■基地外消費

「基地内だけで買い物する人も多い。外では野菜や果物など限定的になる」。基地に隣接し、米軍人・軍属の賃貸住宅が集中する北谷町。同町内の商業施設を友人らと訪れていた、夫が米空軍兵士という米国人女性らは口々に話す。

県が公表する基地外での米軍人・軍属の家計消費支出は推計値で二〇〇三年が一四四億

多様な商品が並ぶＢＸで説明するロバート・ライス店長
＝2011年１月、米空軍嘉手納基地

五、七〇〇万円、〇四年が一二六億九、二〇〇万円、〇五年が一三〇億八千万円。一人当たり月額二万三千〜六千円となっている。

「基地内の商業施設が充実し、昔のように米軍人が基地外で消費する必要がなくなってきているのではないか」。沖縄商工会議所の商工部会長を務めるコンピューター沖縄の名護宏雄代表は米軍人・軍属の基地外消費に疑問を投げ掛ける。ジャスコ北谷店の岸本辰仁店長も「一昨年、嘉手納基地内に新しいＢＸ（Base Exchange＝基地関係者向け商業施設）がオープンしたときは客が減った。クリスマスもおもちゃの売り上げなどが前年より落ち込んだ」と米軍人の消費減少を実感する。

戦後、米軍人による消費が基地周辺の町を潤してきたが、基地内商業施設の充実や円高の影響を受け、状況が変わってきている。

〇九年十月、米空軍嘉手納基地にドイツ国内の米空軍基地に次ぐ世界で二番目の規模のショッピングモールがオープンした。二階建てビルの一階部分にはフードコートと理髪店、土産品店などが入っている。

二階のBXには衣料品や電化製品、日用品、高級ブランドなど多様な商品が並ぶ。軍人の福利厚生のため一般商業施設より安い値段設定がされている。広い売り場に圧倒する数の商品展示は米国内の商業施設と変わらない。一〇〇円ならぬ「99セントショップ」もある。

施設は五〇年代に建てられた旧BXの老朽化を受け、総工費八千万ドル（約六十六億円）をかけ、新設された。広さは約二倍の約三万平方メートル。陸空軍の生活品販売を担当する国防総省の機関「AAFES」が運営する。AAFESのホームページによると、初日の売り上げは約一三〇万ドル（約一億六六〇万円）に達した。

「客のニーズを捉え、買い付ける。若い軍人から家族、退役軍人まで多岐にわたる来店者が満足するレベルの品ぞろえを心掛けている」。ロバート・ライス店長は誇らしげに説明する。来客数、売り上げともに順調に推移しているというBXが米軍人の消費を担っている。

軍人の割合が大幅減

■基地の街

戦後、本島中部には極東最大の米空軍嘉手納飛行場をはじめ次々と基地が建設された。基地建設が進むにつれ、旧越来村（現沖縄市）には本島全域や周辺の島から多くの人が職を求めて集まり、米軍や基地労働者相手の商業や娯楽サービス業などさまざまな商売が発展していった。ベトナム戦争が本格化する一九六〇年代には飛行場に隣接するセンター通りやゲート通りに米兵相手の土産品店や衣料品店、レストラン、バーが立ち並び、昼夜分かたず米軍人やその家族でにぎわった。

「何の商売をしてももうかった。一日で家が建つぐらいの売り上げがあるバーもあった」。沖縄市中央などで写真館を経営して四十三年になる久場良信さん（六九）は振り返る。客は一〇〇％米軍人。毎日、ドル札が店の金庫に入らないくらいだった。米軍人が落とすドルによって街が支えられていた。

英語の看板を掲げ、ドル表記の店が軒を並べるコザゲート通り＝沖縄市

だが、米兵相手の商売で栄えた基地の街も、七二年の復帰を境に変わり始める。1ドル＝三六〇円の固定相場が七一年のニクソン・ショックで1ドル＝三〇八円に切り上げられ、七三年の変動相場制移行後はさらに円高が進んだ。一〇年夏には米国の金融緩和や経済減速を背景に円高が急速に進み、現在、円は一ドル＝八〇円台だ。

ドル安に歩調を合わせ、米軍人の足も遠のいていった。沖縄商工会議所が実施した沖縄市内商業者対象の調査では、来客数に占める米軍人の割合が八〇〜一〇〇％だった店は八八年では三八％だったのに対し、九三年は二六・八％、〇九年は五分の一の七・二％まで落ち込んだ。

「基地に依存していた街は過去のものになってき

ている」。同会議所の兼次信英事務局長（五六）は言い切る。

英語の看板を掲げ、ドル表記など米軍人を相手にする店が軒を並べるゲート通りには今までなかった空き店舗が出始めた。同通りで眼鏡店を経営する我喜屋盛永通り会会長（六二）は「週末でもほとんど米国人がいない。米軍相手の商売も考える時期に来ている」と話す。

センター通りは八二年、県民や観光客を対象にした通りを目指し、「中央パークアベニュー」としてリニューアルした。沖縄市は一〇年度から「中心市街地活性化基本計画」を実施するなど、基地の「門前町」からの脱却を進める。

円高影響、経営厳しく

■特免業者

米空軍嘉手納基地内にある巨大ショッピングモールＢＸ。土産品店やネイルサロン、花屋、衣料店など約三十の店が軒を並べる。一角にある理髪店には体格がいい男たちが訪れ、日本人理容師が手際よく軍規定の髪形にバリカンで刈り上げていく。

米軍基地内では商業施設のＢＸ（ベース・エクスチェンジ）やＰＸ（ポスト・エクスチェンジ）では扱わない商品やサービスを、国防総省の機関「ＡＡＦＥＳ」の下にある沖縄地域営業本部「ＯＷＥＸ」などと契約した特免業者が提供する。契約は競争入札で決定し、期間は一年以下や二～五年と長期にわたるものもある。

テナント料は扱う商品やサービス、営業能力などで決められ、売り上げの一～三三％。県によると、二〇〇八年三月現在、家具販売、クリーニング業、理髪業など六十業者（うち外国人経営三業者）が基地内で営業しているという。

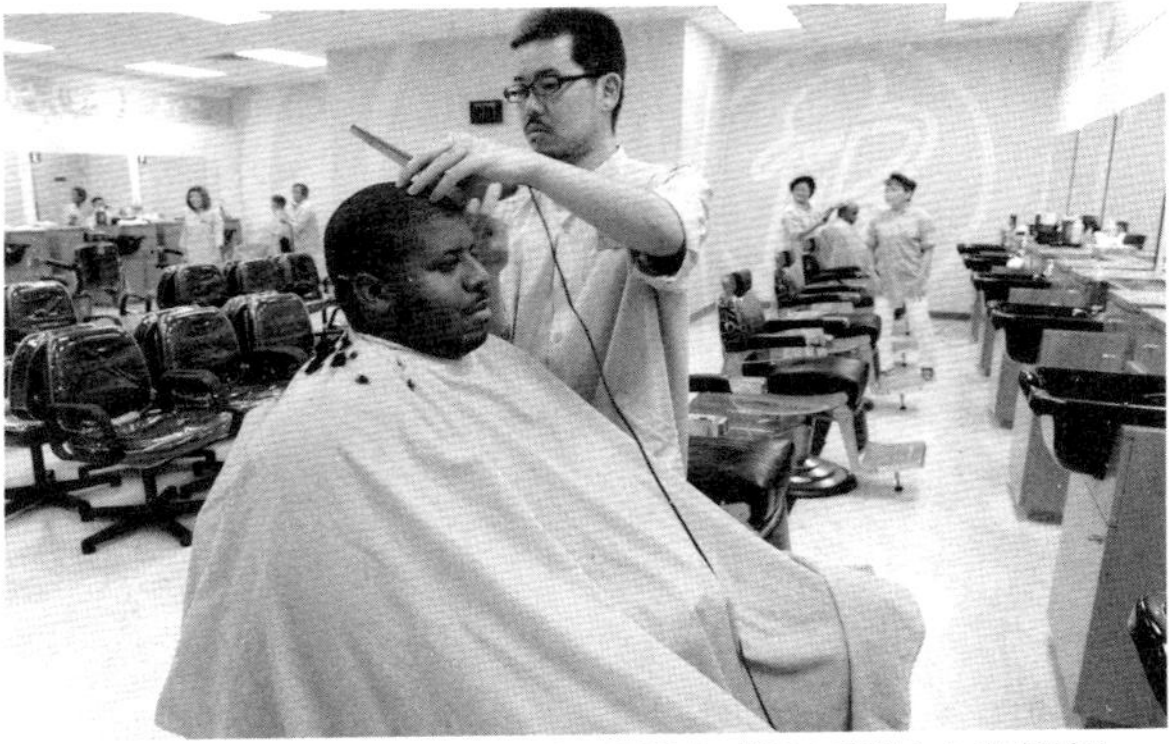

基地内のショッピングセンターにある理髪店。米軍と契約した業者がサービスを提供する＝米空軍嘉手納基地

特免業者による米軍へのサービス提供額は県が公表する九六～〇五年度までの十年間でみると、推計で九六年度が八億四、七〇〇〇万円だったのに対し、〇五年度は十四億四、八〇〇〇万円に達し、年々増加している。

だが、円高の影響もあり、特免業者も厳しい経営を強いられている。理髪店二店舗を構える業者は「米軍人の福利厚生の意味もあるので料金は通常より抑えなければならないし、円高であっても、料金を上げることもできない」と嘆く。一店舗の来客数は約八十人、一人当たり六ドルの料金でやっているが、人件費やテナント料など経費を差し引けば、利益はほとんどない。

米軍関係の洗濯を担う仕事から始まり創業

五十七年目を迎えるクリーニング業「ニューラッキーランドリー」（読谷村）は二年前まで基地内のクリーニング業を請け負っていた。名城道喜会長は「ドル安が進み昔ほど利益はなくなっているが、仕事がないよりはましだとの思いでやってきた。今後は観光立県を支えるホテルリネンのクリーニングに力を入れていきたい」と話す。

米軍と直接契約する特免業者の売り上げなどの実態ははっきりつかめないのが現状だ。県は米軍資料などを基に九六年度から十年間のサービス提供額を公表した。だが、〇六年度以降はＡＡＦＥＳがホームページ上で公表する数字から推計で試算しているため、正確な額ではないとして特免業者に関する具体的な額は公表していない。

県担当者は「米軍から協力が得られず、調査ができていないのが現状。現在、行っている推計のやり方では精度の面では厳しいものがある」と話す。

手当上昇で活況に

■基地外住宅①

北谷町砂辺区の海岸に面して立つ真っ白なマンション。その後ろには建築中のアパート。リゾートホテルを思わせる建物はいずれも米軍人・軍属用の貸住宅だ。本島中部では今も基地外住宅の建設が相次ぐ。

北谷町桑江の三階建ての物件は築四年で、一フロア一三二平方メートル（約四十坪）の３ＬＤＫ。広いリビングにトイレとシャワーが各二カ所。ウッドデッキのベランダから海や美浜の観覧車が見える。家賃は三十万円だが二カ月空いている。コザ住宅商事の担当者は「これでも狭いとか、階段はめんどくさいとか、庭付き一戸建てがいいとか、借り手の要求は高くなっている。大家さんも要求に沿うように新築するから、グレードアップした物件がどんどん出て、古い物件は家賃を下げざるを得ない」という。

複数の不動産業者によると、単身者向けアパートで家賃は月額十六万円から。家族向けだと二十五〜三十万円が主流で、海のそばの広い物件だと四十万円を超すという。一方、県内の一般的な賃貸住宅は新築の3LDK（六〇〜六六平方メートル、十八〜二十坪）で月額七万七〇〇〇円。（おきぎん経済研究所調査）。基地外住宅は面積も広く、家賃もはるかに高い。

県内には復帰前から米軍人向けの貸住宅は数多くあった。不動産管理会社などでつくる全沖縄貸住宅協会によると、復帰前のピーク時は一万二千戸あった。だが、復帰後、日本政府が基地内に「思いやり予算」で住宅を整備。一九八四年までに基地内に約五千八百戸を建設したため、基地外の民間賃貸住宅は約四千七百戸にまで激減した。

当時は米軍関係者に出される住宅手当も一般の兵士で四万〜十万円程度で、家賃も県内水準よりやや高い程度だったという。

しかし九〇年代後半から米軍関係者の家賃手当が上昇し始めた。米軍公表資料によると、単身者の兵士の最低額は〇三年に月額八六九ドルだったが、一一年は一、九九四ドル。八年で二・三倍に上がっている。最高額の大佐クラスは〇三年で二、一九五ドル、一一年は三、四九〇ドルで八年で一・六倍になっている。最も位の低い兵士でも十六万円の家賃手当が

民謡「砂辺の浜」にもうたわれた景勝地に面して立つ米軍人・軍属向け貸住宅。その前に新たな貸住宅が建設されるなど建設ラッシュは続いている＝北谷町砂辺

支給され、最高額は二十五万円。基地内の学校の教師など軍属は三十万円以上もざらという。

住宅手当の上昇に伴い、貸住宅の家賃水準も上昇。高額な家賃が見込めるとして貸住宅の建設ラッシュが起こった。不動産業者は「家賃が月三十万円入れば、ローンを返しながら収入にもなる。銀行も貸してくれるから、米軍人向けの広くて設備の充実した住宅をどんどん造るようになった」という。同協会によると、米軍の検査をクリアして登録された基地外貸住宅は〇八年時点で七千百戸を超え、まだ増え続けている。

軍方針が需要左右

■基地外住宅②

活況を呈する米軍人向け貸住宅の建設に冷や水を浴びせたのが、二〇〇九年七月に在沖米軍が発表した「基地内居住の義務化」だった。

家族を伴い沖縄に配属される軍人・軍属に対し「基地内住宅の入居率が九五％になるまで基地内居住を義務付ける」との内容で、米国防総省の経費節減を理由に挙げた。

この発表に、建設を予定していた家主や建設業界、アパートローンなどの融資をしていた金融機関に衝撃が走った。ある建設会社によると地鎮祭前日に建設を取りやめた家主もいたという。金融機関関係者も「融資の審査を厳しくせざるを得なくなった」という。

しかし、基地外に住む米軍関係者は発表とは逆に増えている。防衛省公表の基地外居住の米軍関係者は〇七年の一万三一九人から年々増え、一〇年に一万二、六七一人となり、四年で二、三五二人（二二・一％）増となった。在沖米軍関係者に占める基地外居住者の割合も過去三年は二五％台で推移。四分の一は基地の外に住んでいることになる。ある不動産管理会社は「今は逆に物件不足。特に庭付き一軒家は人気があるのに供給が少ない」という。基地外住宅は需要が膨らんでいるかに見える。

三、四年前は年間百世帯分の貸住宅を建てたという建設会社。昨年の実績は十五世帯に激減したが、同社役員は「米軍の発表後、基地外住宅からの退去者が続出するだろうという観測が広がり建設が手控えられた。だが、一年たって特に空き家が増えたということもなく、逆に入居希望者が増えたという話もあり、また建設するオーナーが増えた」と話す。ただし今後については悲観的だ。「今、基地内の古い住宅を改修工事中だから一時的に基地外に住む米軍人が増えているのではないか。これから需要が増えるとは思えない」。

二年前に砂辺区に約三千万円かけて家賃三十万円の貸し住宅を建てた宜野湾市の男性は「今のところ順調だが、次(の建設)は考えていない。軍人の需要は政治に左右され、ストップする可能性もある。ハイリターンだがリスクは高い」と危惧する。

コザ住宅商事の新崎加代子専務は「今は好調でも、米軍の予算削減が進めば基地外の住宅は空きが出てくるのでは。米軍の方針で需要が大きく左右されるところはまさに依存経済ですよ」とつぶやいた。

地域崩壊に危機感

■アメリカ村

「砂辺こそアメリカン・ビレッジだよ。区民は出て行かざるを得ないのに、米軍人が高級住宅にどんどん入る。このままでは本当にアメリカ村になってしまう」。北谷町砂辺区の松田正二区長は怒りを込める。

美しい砂浜に設備の整った公園。洋風のカラフルな米軍人向け貸住宅が立ち並ぶ砂辺区。米軍嘉手納基地のゲートに近く海が望める同区は米軍人に人気が高く、家賃月額二十～四十万円以上の高額物件ばかりだ。

二〇〇八年現在で同区に五八七戸あり、集落を侵食するように増え続けている。

一方で、もともとの区民が住む集落は空き地が目立つ。同区は嘉手納基地を離着陸する戦闘機の飛行ルートに当たり、騒音を示すうるささ指数（W値）は環境基準の七五をはるかに超える九五〜九〇だ。嘉手納爆音訴訟でも「受忍限度を超えた騒音で精神的苦痛を受けている」として賠償の対象になった。国は七五年から騒音の激しい地域の住宅地を買い上げる住宅移転措置をしている。

砂辺公民館に掲げられた集落地図。塗られた場所が国に買い上げられた住宅跡

砂辺公民館に掲げられた集落の地図。虫食い状に赤く塗りつぶされた所は国に買い上げられ空き地になった旧住民の住宅だ。七八年当時は五五八戸あった集落は、これまでに二二四戸が住んでいた土地を国に売って他地域に転居した。その面積は七・一三ヘクタール。字砂辺の六・六％に当たるが、埋め立て地や崖地などは除いて集落に限ると「五分の一程度は国が買い上げた」（松田区長）と言う。

国が買い上げた空き地に立つ北谷町砂辺区の松田正二区長。背後にはピンクに塗られた米軍人向けの貸住宅が集落との対比を見せる＝北谷町砂辺区

空き地はごみの不法投棄をはじめ、ハブや害虫の発生が相次ぎ、深夜徘徊《はいかい》少年のたまり場となるなど地域の環境・治安上の問題を引き起こしている。買い上げ以外にも米軍人向け貸住宅に改装して転居する住民も出ている。

住民は爆音の激しさに耐えかねて集落を出て行くが、米軍人向け貸住宅は冷暖房、防音完備で光熱水費も自己負担ではない。光熱水費も二〇〇〇年度までは日本政府が「思いやり予算」で全額負担していた。現在、防衛省は光熱水費は基地内住宅の分だけで「施設・区域外の米軍住宅分を差し引いている」と、基地外住宅分は負担していないとしている。

米軍基地の跡地だった北谷町美浜は「アメ

リカン・ビレッジ」のコンセプトで跡地開発の成功例となった。しかし砂辺は爆音と〝アメリカ村化〟でコミュニティー崩壊の危機に陥っている。

「自分の子どもに砂辺に住めと言えないつらさが分かりますか」。松田区長は問い掛けた。

ボンド制が障壁に

■建設業①

厚さ一センチ近い英文の工事仕様書。ウェブサイトを通して行われる入札。そしてボンド制とは―。二〇一〇年十月、県建設業協会が開いた在沖米軍の発注工事に関する研修会。県内の建設業者が会場を埋め、日本の制度とは全く異なる米軍発注工事の入札方法や契約手続きについての講話に耳を傾けた。

米軍発注工事が注目を集めている。在沖米空軍によると、二〇一〇会計年度の在沖米空軍発注工事や物品購入など「調達」のうち建設工事分は約一七〇億円。〇八年度の沖縄防衛局発注工事の額にほぼ匹敵する。〇一年ごろから始まった嘉手納基地内の大規模な家族用住宅の改修工事が金額を押し上げている。公共工事が減少し続ける中、着実に需要が見込める先として見直され、住宅改修工事の拡充でビジネスチャンスは広がったかに見えた。

しかし、毎年百億円を超す工事費が投下されながら、県内企業が受注するのは小口案件ばかりだ。県内企業にとって参入の最大障壁となっているのは「ボンド（契約履行保証）制」と呼ばれる米国の発注制度だ。保険会社が入札業者の審査と受注額に見合った金額を保証するもので、通常は工事代金の一〇〇％を求められる。米国は公共工事の発注事務を簡素化してコスト削減につなげるために、従来の分割発注から複数の工事案件をまとめた一括発注に移行した。嘉手納基地内の住宅改修工事もそれまでの数億〜二十億円程度から、広いエリアの住宅を対象とした一括発注に変わり、契約額が百億円を超えるようになった。

県建設業協会の幸地維章常務理事は「県内で百億円超のボンドを積める建設会社はない」と断言する。結果として〇四年以降、百億円を超える工事は大林組（東京都）と西松建設（同）など大手、準大手ゼネコンが受注している。幸地常務理事は「県内企業は大型案件には今

在沖米軍の発注工事に関する入札方法などの説明に耳を傾ける県内建設業者ら＝2010年10月、浦添市

後も参入できない。県や公的機関が保証を支援するなどの枠組みができないか働き掛けたい」と話す。

沖縄建設新聞（那覇市）は県の産業振興基金の助成を受けて米軍工事受注について調査した。大城ひかる新事業推進室長は「基地があって仕事もあるのに、今のままでは沖縄の企業は小口か下請けしか参入できない。県が主導して市町村や県内金融機関と連携して新たな基金創設も含めた制度が必要だ」とボンド制への対応を提言した。

一括発注で下請けに

■建設業②

「百億円単位の発注になると、県内企業では手に負えなくなっている」。

総合建設業、仲本工業（沖縄市）の仲本豊社長は複数年にわたる工事を一括発注する米軍の発注方法に疑問を投げ掛ける。米軍はこれまで工事を数千万円から数十億円の単位で発注していたが、近年、一括で発注するようになり、金額が百億円台に跳ね上がっている。

県内では二〇〇一年から米軍基地内の家族住宅改修工事が始まった。米軍は地域などで区切って工事を発注し、これまでフェーズ1～10までが発注されている。発注工事規模は〇六年ごろから増大していく。工事規模の変化に伴い、落札価格は「フェーズ1」では七億九千万円だったのに対し、「―6」では一〇三億円となり、「―7」は一一三億円、「―8」は一六〇億円、「―9」は一一九億円となった。百億円を超える工事から準大手ゼネコン西松建設（東京）と大手ゼネコン大林組（同）の二社が落札している。

米軍嘉手納基地内で進められている家族用住宅の改修工事＝沖縄市

六六年に創業した仲本工業は復帰前まで、主に米軍基地に設置するフェンスの製造などを手掛けるなど米軍関連の事業が年間総事業の半数を占めていた。だが、〇六年度の普天間基地ビルディング増改修工事を最後に、米軍発注の工事は受注していない。

仲本社長は言う。「売上高が七十億～八十億円の会社で、百億円規模の受注は難しく、ボンド（契約履行保証）も払えない。数十億円であれば、共同企業体（ＪＶ）でそれぞれ負担して工事を行うことができる」。

現在、米軍嘉手納基地内では家族用住宅に足場が組まれ、作業員が重機などを使用し黙々と改修工事を行っている。県外大手ゼネコンの県内の下請け業者や孫請け業者の作業員らだ。

県内の下請け業者は「工事単価が安く、割に合わないと工事途中でやめる業者もある。最近では、下請け、孫請けがいなくて困っているとも聞く」と実情を語る。

米軍直轄で調達されるものには、主に建設関係、サービス関係、物品購入の三項目がある。嘉手納基地が一〇会計年度（〇九年十月～一〇年九月）に発注した建設関係分は約二五〇億円で、調達総額三一六億円の約八割を占める。

県内業者は「基地被害は県民が受けているのに、川下の仕事ばかり。川下だと骨と皮だけで実がない。元請けになれば、県民がもっと潤う」と強調した。

本土と異なる成り立ち

■建設業③

「仕事の九割は米軍関係で、民間の仕事は本当に少なかった。当時は技術者だけでなく大工も社内のタイピストも皆一センチ以上の厚さの英文スペック（仕様書）を読みこなした」。県内最大手の建設会社・国場組の国場幸一郎元会長（現ザ・テラスホテルズ最高顧問）は一九五〇、六〇年代の同社の状況を振り返る。

戦後、沖縄の経済復興は米軍基地の建設工事で始まった。米軍は東西冷戦勃発《ぼっぱつ》を背景に四九年、沖縄を米国統治下に置くことを正式決定し、広大な米軍基地の建設を始めた。五〇～五二年までに二億七千万ドル以上ともいわれた莫大《ばくだい》な予算を基地建設に投下し、その労働力として沖縄の人々を雇用した。

沖縄の戦後経済史に詳しい牧野浩隆前県立博物館・美術館長は「経済復興をする場合、国内産業の保護政策を取り、製造業を育てるのがオーソドックスなやり方。しかし沖縄は

建設中の普天間飛行場。広大な米軍基地建設で沖縄の戦後復興は始まった＝1958年

基地建設を最優先とし、物資は輸入で賄い、雇用、商業、建設業とも基地なくしては成り立たない構図にした」と指摘する。

日本本土は戦後長く保護政策を取り、輸入品に高い関税をかけて国内産業を育成した。しかし沖縄は自由化により安い海外産品が入り、住宅資金など民生政策もほとんどなかったため、経済は基地中心とならざるを得なくなった。牧野氏はこの沖縄型経済政策を「つくられた基地依存型輸入経済」と名付ける。

一方で、米国式の建設方法に精通した国場組をはじめとした県内建設業者は七〇年代から中近東の石油プラント工事などに進出する。クウェートの住宅建設を手始めに約三百億円もの建設工事を手掛けたという国場氏は「復帰前にあったノウハウが消えつつあるのはもったいない気はする」と話す。中近東進出は韓国やフィリピンなどとの低価格競争で終息した。それに代わり建設業を支えたのが公共工事だった。

復帰後、大きく遅れていた社会資本の整備のために高率補助などの形で沖縄にはインフラ整備に国費が投下された。建設業も年間二千億円を超す「公共事業」などの財政投資にシフトし、ピークの二〇〇〇年には五千六百社もの建設業者ができる建設ブームが起きた。

しかし今、公共工事は減少傾向が続き、再び米軍発注工事が注目されている。が、百億円超の工事は国内大手が受注し、県内業者は下請けに甘んじているのが現状だ。

国内からの購入低く

■米軍の物品調達

二〇一一年二月十五日に米空軍嘉手納基地内で開かれた同基地主催の県内物販業者による見本市。各ブースには英語で書かれた看板が並び、家電販売、外壁工事、人材派遣などの業者二十四社が、次々と訪れる空軍・陸軍の物品調達担当者に商品を売り込む。

米軍直轄で調達するものには、主に建設関係、草刈りや清掃などのサービス関係、物品購入がある。嘉手納基地には部署ごとに物品調達担当者がおり、四〇〇〜四五〇人の担当者が事務用品やパソコン、建設資材、清掃業務などを調達する。二五〇万円まではクレジットカードでの決済だ。三千ドル以上の取引は入札で調達先を決めている。

嘉手納基地の二〇〇九会計年度（〇八年十月〜〇九年九月）調達総額は二五〇億円、十会計年度（〇九年十月〜一〇年九月）は住宅改修工事など建設関係が増加し、三一六億円に上った。同基地契約事務所によると、調達額は例年二〇〇億〜二二〇億円程度という。

米軍に県内業者から物品調達をしてもらおうと開催された見本市
＝2011年２月、米空軍嘉手納基地

一〇年度の内訳は、建設関係が約二五〇億円、サービス関係が約三十四億円、物品購入が約十四億円。そのほかクレジットカードで決済した物品購入などが約十八億五千万円。うち県内を含む日本国内からの調達は建設関係が約二五〇億円、サービス関係が約二十四億円、物品購入が約一億四千万円、クレジットが約三億七千万円で、総額に占める日本国内調達額は建設関係、サービス関係でそれぞれ一〇〇%、七一%と高いのに対し、物品調達は一〇%、クレジットは二〇%と低くとどまる。〇九会計年度も同様な割合で、米国内からの物品調達が八割を占める。

「ソファなどの家具や事務用品、家電は、使い勝手もあり、どうしても米国規格の製品を優先してしまう」。同基地契約事務所の比嘉弘契約官は県内企業からの物品調達が進まない理由をこう説明する。見本市に来ていた米空軍の調達担当者は「県内企業から購入したいが、入札となると、世界各地からあり、県内企業の落札は難しいのではないか」と指摘する。

「米軍が何を購入しているのか。市場調査の意味で出店した」。見本市に参加した企業の中には、米軍との取引内容や参入方法がよく分からないとする企業も少なくない。英語での取引も障壁となっている。

見本市を同基地と共催で初めて開催した県産業振興公社中小企業支援センターの親泊エドワードサブマネージャーは「特に物品調達で、県内企業の参入に力を入れる必要がある」と強調する。嘉手納基地だけでも年間三十億円以上に上る物品調達に県内企業が参入できていない現状がある。

パート増加、雇用不安も

■基地従業員①

「勤めて何年かたてばフルタイムになると思っていたけれど、十年たってもパートのまま。いつ切られるかと常に不安」。米軍嘉手納基地の商業施設BX内のフードコートで働くAさん（三八）とBさん（三一）。二人はともに基地従業員の中でも「常用パート」と呼ばれる、週の労働時間が二十五時間以内のパートタイム労働者だ。

フルタイム（週四十時間労働）しかなかった基地従業員に、パートタイム制度が導入されたのは二〇〇〇年度から。基地内の福利厚生部門に従事するIHA（諸機関労務協約）の店舗運営機関に限り、フルタイム一、六八〇人（全国）を減らさないという協約を日本政府と全駐労が結び、常用パートが認められた。基地従業員の五％程度を占めるが、年々増加傾向にあり一一年一月末現在、県内で四一二人が働く。

フルタイムも常用パートも労務費は日本政府の負担で、いわゆる〝思いやり予算〟から支出されている。

銀行勤務だったAさんは、子育てのため決まった時間に帰れる仕事がしたいと基地従業員に応募した。銀行時代は朝八時から十二時間は職場にいるのが当たり前だったというが、現在は午前七時〜午後十時の間に五時間のシフト制で働く。採用された当初の給与は手取り九万円ほど。銀行時代の半額で驚いたという。「民間に比べれば勤務時間や休みは取りやすい。でも一家を支えるほどの給与はないから女性が多くなる」と話す。

常用パートの基地従業員数

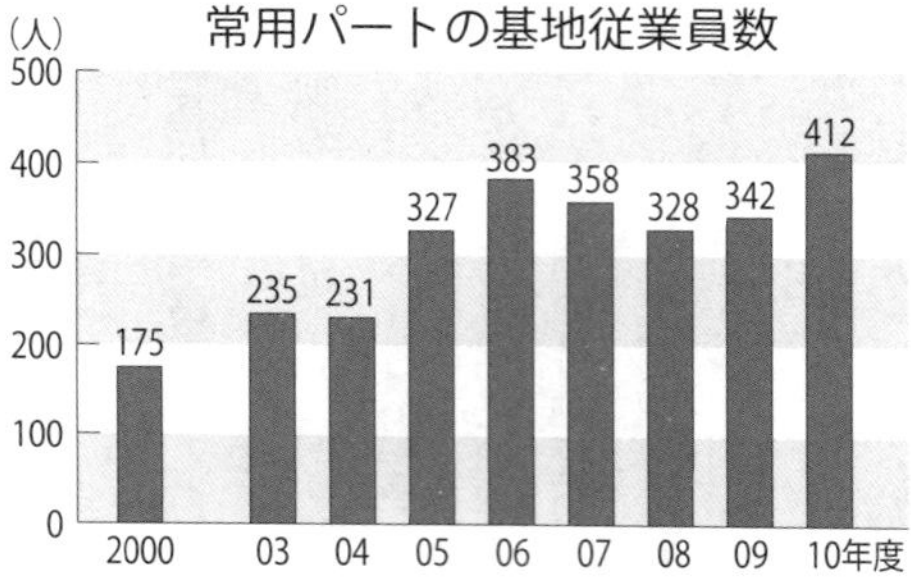

※2000年度は全駐労調べ、03年度以降は沖縄防衛局まとめ。10年度は1月末時点。

Bさんは専門学校卒業後、採用された。十年前、基地従業員への応募者は多く「当然フルタイムだと思っていた。基地従業員というと準公務員的な待遇で労働時間も給与もいいと思っていた」と話す。

二人はフルタイムを目指して何度も基地内の採用試験

を受けたが、「一人の募集に数百人が応募する状態で、面接試験にも進めない」という。さらに最近、フルタイムの定年退職者の補充がパートになり、ますます募集が減った。二人は「一日十五時間の稼働を五時間のパート従業員でつなぐのでシフトが組みにくくなり、残業が増えて休みは取りづらくなった」という。

Bさんは復帰後の一斉解雇の話を聞くと不安が増すという。基地従業員は復帰の七二年から七七年の五年で一万九、九八〇人から八、四四七人と五八％減った。「いつ切られるか心配で、宙に浮いている感じ。基地の縮小が進めば最初に切られるのは私たち。政治の動きに左右され、定年まで働けるか分からない」。

返還懸念し応募激減

■基地従業員②

一時は延べ二万人の応募者が殺到したという基地従業員の採用。しかし、その人気に陰りが出ている。

県内二十の米軍施設には、復帰時に比べ半数以下になったものの、二〇一一年一月末現在で九、一五四人が働く。フルタイム、パートを含め年間五百人前後が採用され、県内ではまれな大量雇用につながっている職場だ。日本政府が雇用する形であり、県民所得を上回る給与や充実した福利厚生など「国家公務員並み」の好待遇もあって全国一失業率の高い沖縄では人気の職場となっていた。

だが独立行政法人「駐留軍等労働者労務管理機構」によると、二〇〇三年度で一万五、五七二人だった応募者数は〇九年度には七、六一一人と半分以下に減少。一〇年度は一月末現在で五、五八二人となり、約三分の一にまで激減している。

同機構では窓口での通年受け付けに加え、インターネットによる二十四時間の受け付けを行っているが、応募者数減少に歯止めがかかっていない。応募者増を図るため、一〇年十一月からは県内の三求人誌に定期的に募集広告を掲載し始めた。

米軍基地従業員の応募・採用状況

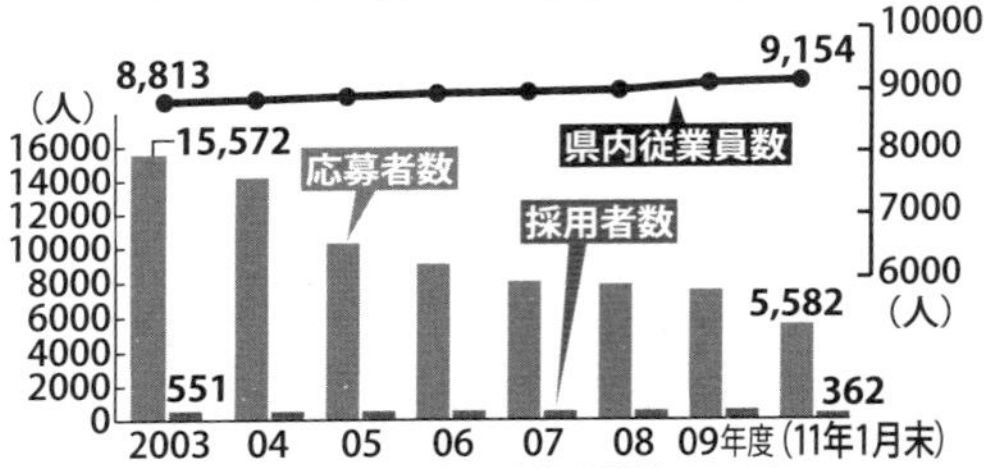

(駐留軍等労働者労務管理機構まとめ)

「基地内就職を目指そう」とうたい設立された一部の専門学校も、現在では姿を消し、専攻名から「基地」の名称を外すところも出ている。

「基地就職コース」を設置する那覇市内の専門学校では、同コースを受講する学生がピーク時の半数までに落ち込んだ。担当者は「報道で米軍再編が取り沙汰されたころから減ってきた」と話す。

「採用者数が年間五百人前後といっても競争率は十数倍と変わらず高く、何年応募してもなかなか採用されないのが現状だ。宝くじに当たるようなもの」。全駐労沖縄地区本部の与那覇栄蔵委員長は指摘する。

基地内での仕事を求める人が殺到した応募受付窓口
＝2001年５月31日、沖縄市久保田の旧県コザ渉外労務管理事務所

さらに、留学経験があるなど語学が堪能な若者の応募が増え、採用のハードルがますます高くなっているという。採用申込書には職歴や資格を記入する項目のほか、海外での生活経験や年数を記入する欄もある。

一方、労働・雇用に詳しい琉球大学就職センターの内海恵美子准教授は「普天間飛行場の県外移設を求めるなど反基地感情や基地の整理縮小を望む県民の声が高まっている。そういった動きを学生たちは敏感に意識している」と推測する。

不安定な職場というイメージに、高い競争率が相まって、基地内就職に対する意識にも変化が出てきている。

再就職阻む業務細分化

■基地従業員③

「基地内の仕事は細かく役割分担されていて、何十年間勤めていても、この経験では離職後の就職は難しい」。米軍基地内の飲食店で働く基地従業員は離職後の再就職に不安を抱く。

日本政府が雇用する基地従業員は会計職や警備などに従事する基本労務契約（ＭＬＣ）、船長や機関長などの船員契約（ＭＣ）、販売員など米軍の福利厚生部門に従事する諸機関労務協約（ＩＨＡ）に分かれる。二〇〇九年三月末現在ＭＬＣは六、一三一人、ＭＣに八人、ＩＨＡは二、八七五人となっている。

職種は事務系、技術系、一般労務系、保安系、専門職系、サービス系の六職種に大別され、航空整備士、コンピュータープログラマー、通訳、医師、家具職人などの専門職から販売員、清掃員、配送員、バーテンダーまでさまざま。職務定義書では仕事が五百種以上に細分化されている。

仕事の細分化の事例として、こんなことがある。基地内のレストランでは、キャッシャーと言われるレジ係、給仕人、案内係、調理員、清掃員などに分かれ、決められた仕事以外はできない。職種転換をしなければ、定年まで同じ仕事を行うという。

「民間では一人が複数の業務をこなすのが当たり前だが、基地内では仕事が固定化され多くの経験やスキルを積むのが難しい」。基地従業員の離職対策を行う沖縄駐留軍離職者対策センターの座間味正子主任相談員は打ち明ける。

こういった事情を抱える基地従業員にとって、普天間飛行場の全面返還を含む十一施設の返還が決まった九六年の日米特別行動委員会（ＳＡＣＯ）合意には衝撃が走った。雇用不安が一気に高まった。

同センターは九九年に県の緊急雇用対策を活用し基地従業員、離職者を対象にしたパソコン、英会話の技能講習を初めて実施。二〇〇〇年度から五年間は国から補助を受けて行った。昨年は離職者を対象にパソコン講座を二回、農業園芸講習を一回、沖縄防衛局が現職の基地従業員を対象にフォークリフト免許取得の講座を実施している。

同センターの上江洲謙専務理事は「嘉手納基地より南の返還では数千人規模の従業員が影響を受ける。政府は返還時期のめどが立たないとして、基地従業員の技能訓練にきちんと取り組んでいない。このままでは基地内で配置転換をするにも、民間に就職するにも困難な状況が発生する」と語気を強める。

職務の細分化が不安定雇用に身を置く基地従業員の再就職への障壁になっている。

正規への転職厳しく

■基地従業員④

基地従業員と日本の一般の企業や公務員との大きな違いは給与が職種により決められていることだ。

日本の企業は複数の職種を経験しながら昇進し、給与も上がる。しかし基地従業員は職種で給与の等級が定められており、会計職でもウエートレスでも同一職種で働き続ける限り、上位の等級になることはない。勤務年数が長くなると定期昇給（定昇）以外のアップは見込めず、五十五歳を過ぎると民間との給与格差が大きくなると指摘されている。

そのため基地従業員は昇級を求めて基地内で〝転職〟を繰り返す。嘉手納基地に勤めるAさん（四六）は勤続二十四年だが「今でも（基地内の応募に）履歴書を出し続けている」と言う。AさんはHPTという時給制の臨時職員として採用され、数年後、正規雇用になった。しかし現在の職種では給与は頭打ち。「昇級するにはより給与の高い職種になるしかない」と話す。

しかしその転職市場にも変化が出ている。HPTの固定化やパートタイマー、派遣労働者の増加だ。二〇一一年一月末現在県内でHPTは三十八人、常用パートは四一二人いる。八年ほど前までは退職者が出るとHPTから正規雇用に昇格する例がほとんどだったという。が、二〇〇〇年から週二十五時間勤務の常用パート制度が導入され、退職者の穴埋めをパートやHPTにし、正規雇用につながらないようになった。

五十代のBさんは時給八五〇円のHPTとして一年契約を七年更新している。三人の子どもを抱える母子家庭で、夜は飲食店で働く。「基地従業員は待遇が良いでしょうと言われるが、とんでもない。夜の仕事をしないと生活できない。こんな待遇の人もいることを知ってほしい」と訴える。同僚のCさんは昨年夫が亡くなり、下の子はまだ中学三年だ。HPTに有給休暇が認められたのは一〇年度から。臨時雇用のため全駐労にも入れない。三十代のDさんも「結婚する予定の彼女もいるので正規採用に応募しているが厳しい」と言う。

日米両政府は新しい在日米軍駐留経費負担（思いやり予算）特別協定で、一一年度からの五年間で基地従業員四三〇〇人分を段階的に削減すると決めた。「フルタイムで安定した職場」といわれた基地内雇用も内部で変化している。

復帰機に労働状況激変

■基地従業員⑤

戦後沖縄の復興は米軍基地の建設工事で始まった。米軍は朝鮮戦争が始まった一九五〇年前後、民間の土地を強制的に囲い込み、大規模な基地を建設して労働者を吸収した。農地も宅地も基地に奪われた人々にとって、働く場は現金収入につながる軍作業しかなかった。

第二次世界大戦後初の五〇年国勢調査で、県内の「軍雇用者」は全雇用者の四一・九％を占めた。五八年の琉球米国民政府（ＵＳＣＡＲ）資料によると、軍関係雇用者は基地の直接雇用や米国政府サービスおよび建設請負業、軍人向け特免サービス業、軍人の家事労働者を含め四万九、七四〇人としている。基地内の仕事に従事する人だけでなく、建設業やハウスメードなど基地の需要にぶら下がる構図が見える。ベトナム戦争が激化した六〇年代中期は軍雇用員数はさらに膨らんだ。

六九年までの沖縄は失業者約三千人、失業率は平均〇・六％と、一％を切る安定した状態を維持していた。しかし、ベトナム戦争終息の動きを背景に、七二年の本土復帰が決まると、軍雇用員に〝大量解雇〟の嵐が吹き荒れた。

六九年十一月、沖縄返還が正式決定された直後、米軍は二千四百人の人員整理を通告したのを手始めに多数の〝首切り〟に着手した。

基地従業員数の推移

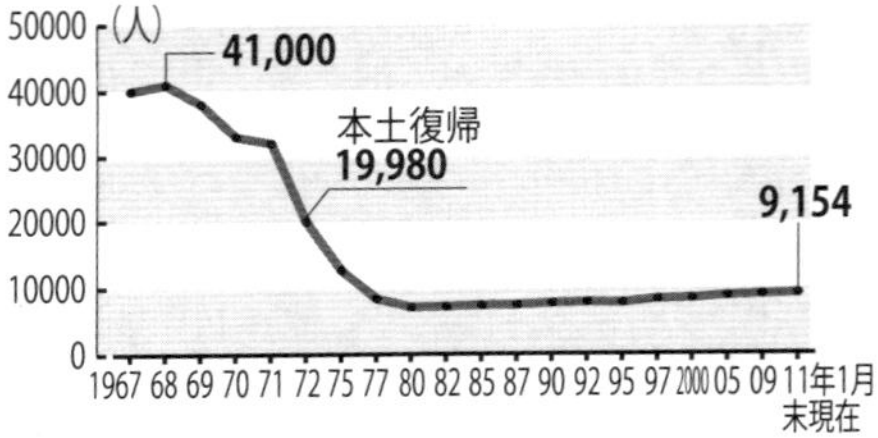

六九年から七七年までの九年間で、基地内で働く人だけで累計一万八、三〇九人が解雇された。「失業のない経済社会」だった沖縄社会が軍雇用員の大量解雇で一転して、失業という大きな社会問題を負うことになる。

六七年に約四万人いた軍雇用員は復帰時の七二年時点で一万九、九八〇人に半減した。解雇後に駐留軍労働福祉財団が行ったアンケートで、一年未満に再就職ができた離職者はわずか二八・二％。再就職率は解雇後二年～二年半かかってようやく半数を超えた。しかも回答者の約四割が賃金水準を引き下げて就職したという。

突然の解雇など人権も認めない米軍のやり方に軍雇用員は全軍労（全沖縄軍労働組合、全駐労沖縄地区本部の前身）を六一年に結成。「首を切るなら基地を返せ」という旗印の下、大量解雇には二十四時間全面ストを打って反対した。

全軍労は復帰運動にも積極的に関わり、復帰後は反戦・平和を掲げ、沖縄の労働運動の一翼を担った。しかし、米軍雇用の軍雇用員が日本政府が間接雇用する「基地従業員」にかわった後、基地労働をめぐる状況も変わっていく。

返還論議に雇用対策なく

■基地従業員⑥

県は一九九六年、「基地返還アクションプログラム」を政府に提出した。段階的に在沖米軍基地を縮小し、一五年までに全面撤去させるという内容で、沖縄県側から期限を切って基地の全面返還を求める画期的な計画だった。前年に起きた少女乱暴事件を契機に、県民に強まる基地撤去の声が策定を後押しした。

しかし、基地を「生活を守る職場」と考える基地従業員にとって、返還は職場を失うことにつながる。復帰後、基地従業員は日本政府の間接雇用となり、国家公務員に準じた待遇が保障された。全駐労沖縄地区本部が復帰闘争前から掲げた「基地の全面撤去」は、一部の基地従業員にとって自らの職場を否定するものに映った。全駐労は組合員の脱退が相次ぎ、ついに九七年の定期大会で運動方針から「基地撤去」を下ろした。

当時、全駐労沖縄地区本部委員長だった玉城清さんは「復帰前後の大量解雇を経験した私たち世代は、基地は恒久的な職場ではないと考えていた。しかし復帰後、民間より待遇がよく安定した職場とする若い世代とは認識がずれてきた。雇用対策なくして若い組合員を説得することができなかった」と振り返る。

○六年五月、日米両政府は嘉手納より南の基地の返還を盛り込んだ「米軍再編ロードマップ（行程表）」を発表した。全駐労は、この再編が実現すれば約九千人の基地従業員のうち最大四千五百人が解雇などで職を失うと推測する。

大量解雇に反対し、米軍と衝突する全軍労デモ隊＝1971年、場所不明

大量解雇の対策として駐留軍関係離職者等臨時措置法は、特別給付金の支給や職業訓練の実施などを定める。が、基地従業員は県内総就業者の一・四％に当たる。完全失業率が六〜八％台で推移する県内で離職者の吸収は容易ではない。

さらに基地従業員で米軍基地に親族など「身近な人がいた（いる）」とする割合は沖縄が八六％と、神奈川七〇・三％、青森七九・一％に比べ高く、大量解雇は特定の集団に影響が集中すると思われる。

基地労働を研究する沖縄国際大学の喜屋武臣市非常勤講師（労働経済学）は、日本政府から米軍に提供される基地従業員を「特異な価値を持たせられた存在」と指摘。「日米安保体制を維持するならば、基地労働を国防に資する純粋公共財と見なして財政措置すべきだ」と主張し、「跡地利用については県、市町村とも準備を進めているが、雇用については議論もされていない。雇用対策に取り組まないと返還の議論は結局進まない」と述べた。

■思いやり予算で外国人雇用

日本政府が〝思いやり予算〟で雇用する県内の米軍基地従業員に、フィリピンや米国など外国籍の従業員が〇九年度で五十人いることが分かった。沖縄防衛局が琉球新報の取材に答えた。基地従業員の給与は日米地位協定で米軍が支払うこととされているが、日米の特別協定で日本側の負担が続いている。専門家は「外国人従業員の給与までも日本政府が支払う意味があるのか」と疑問視する。法律上の根拠がないまま日本の税金で外国人従業員を雇用する現状に批判の声が上がりそうだ。外国人基地従業員についての実態が分かったのは初めて。

沖縄防衛局によると、五十人の内訳はフィリピン人が最も多く二十八人、続いて米国人が八人、韓国人五人、その他が九人だった。外国籍の基地従業員総数は統計が残る〇七年度は四十一人、〇八年度では四十六人で年々、微増している。

日本国籍を有することが採用条件となっている国家公務員と違い、日米間が締結する基地従業員に関する労務提供契約には一部制限はあるものの、採用に国籍条項はない。同局は「(外国人基地従業員採用の）経緯については承知していないが、五七年の締結時からの規定となっている」と述べた。

本間浩法政大学名誉教授（国際法）は「日本の税金で外国人基地従業員の給与も支払う必要があるのか、国民の同意を得ること、つまり給与に関する法律的根拠付けをしなければならない。今のままでは財政上も問題がある」と指摘する。

交通網、いびつな構造に

■渋滞損失

沖縄本島中南部の主要部を占める広大な米軍基地の存在は、航空機騒音や相次ぐ事件・

事故など住民生活に直接悪影響を及ぼすだけでなく、土地利用や交通の分断など経済的活動にも影響を及ぼす。

沖縄総合事務局の二〇〇五年調査では、那覇市内の朝夕のピーク時の走行速度は毎時約一四キロメートルで全国ワースト。県全体の渋滞損失時間は全国ワースト六位で、県民一人当たりの渋滞に伴う浪費時間は年間五十四時間に達する。〇一年調査では渋滞による県全体の損失総額は一、六〇六億円に上るとの試算もある。

国や県は交通渋滞解消に向け、「はしご道路」整備構想を進めるが、それにも「基地の制約がある」（関係者）のが実情だ。はしご道路は沖縄本島を縦断する国道五八号、三二九号、沖縄自動車道を三本柱と位置付け、柱の段となる東西の連結道路を整備する計画。ただ、横断道路は広大な米軍基地を縫うようにしか連結できないため、いびつな交通網を余儀なくされる。

総合事務局は一〇年に実施した道路交通センサス（情勢調査）に基づく分析を進めるが、県内の道路状況に大きな変化はないという。

一方、人道的な観点から、救急車や消防車などの緊急車両に限って、一般道の交通渋滞を避けるため米軍基地内通行が〇一年の日米合同委員会で合意された。だが、これまでに本来の目的に即した運用実績はなく、「合意そのものが形骸化している」（消防関係者）。

渋滞損失時間ワースト10

（一般道路計）

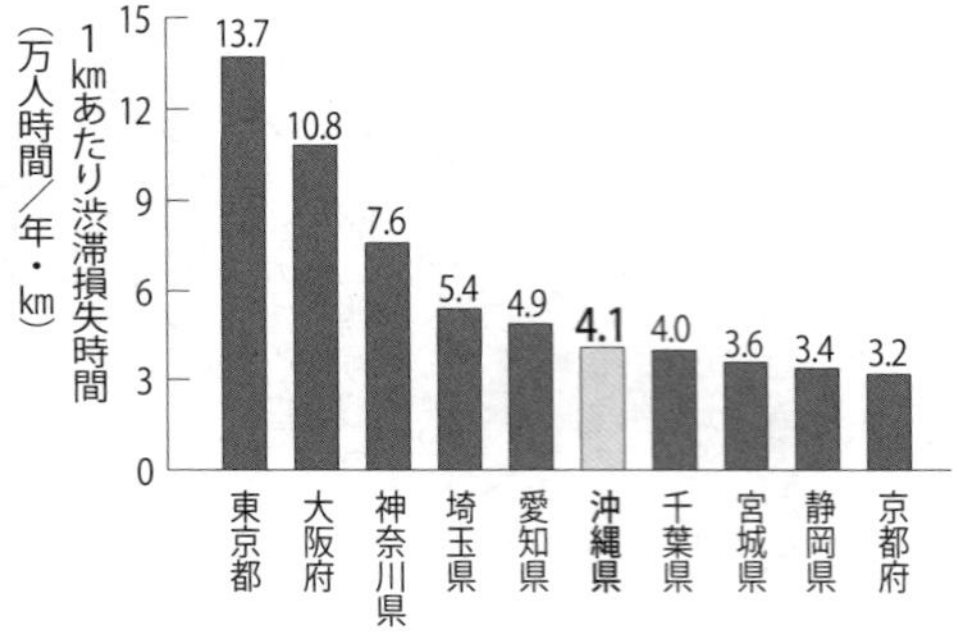

基地内通行では、急病人搬送など一分一秒を争う人命救助作業に迅速に対処できるはずだった。特に市の中央部に普天間飛行場を抱える宜野湾市では、人口が急増する西海岸地域と旧来の市街地が分断されているため、搬送時間短縮の恩恵が大きいと期待されていた。

同市消防本部は「緊急搬送はノンストップが理想だが、基地内通行で生じる時間の損失が計算できず逆にリスクが大きい」と指摘する。緊急時でも身分証確認のためゲートで足止めされる上、憲兵隊車両による誘導に従わなければならない。さらに軍用機の離着陸時にかち合った場合は、その場で待機を余儀なくされるためだ。

宜野湾市消防は救急救命時の基地の影響を最小限に

抑えるため、我如古と真志喜に出張所を設置し、緊急事態に備える。基地を抱える自治体に行政コストの負担を強いる構造も目に見えづらい基地被害と言える。

ドーナツ状に人口密集

■土地① 宜野湾市

「生まれ育った家、役所、学校が跡形もなく、なくなっていた」。戦後、収容所から戻った当時十四歳の玉那覇祐正さん（七七）が目の当たりにした故郷、宜野湾市宜野湾区の風景は米軍の飛行場に変わっていた。

宜野湾区（字宜野湾）はかつて「宜野湾並松街道（ジノーンナンマチ）」が字の南北を貫き、那覇と中北部を結ぶ陸上交通の要所として栄えた。

そんな街の様相は戦争で一変した。米軍は宜野湾市を占領すると同時に本土決戦に備え、滑走路を建設した。現在の普天間飛行場だ。戦闘中から、米軍は住民をキャンプに収容した。基地の用地を確保した上で、それ以外の土地への住民の帰還を認めた。宜野湾区では区の三分の二が飛行場に接収された。一九四七年、ようやく住民は残った土地に戻ることが許された。

「基地の周辺に住む以外なかった」。玉那覇さんは振り返る。制限がある中、愛着がある故郷に戻るのが自然だった。各字の住民が戻り、基地を取り囲むように住宅がひしめき合う街の形態が形成されていった。

建設当初はフェンスもなかった同飛行場は、朝鮮戦争とベトナム戦争を経て拡張された。五三年には滑走路が二、四〇〇メートルから二、七〇〇メートルに延長され、ナイキミサイルが配備された。「住民が危険な基地に接近してきたと言う人もいるが、後から危険がやってきた」と、玉那覇さんは語気を強める。

米軍人・軍属相手の商売で発展するとともに、復帰後は那覇市のベッドタウンとして、また、大学の立地や道路網の整備などを背景に宜野湾市の人口は増加し続ける。市の人口は一〇年の国勢調査速報値で九万一、八五六人。五〇年の五・八倍に膨れ上がった。速報値

普天間飛行場を取り囲むように市街地が形成されていった宜野湾市
＝2010年４月

から推計する人口密度は一平方キロメートル当たり四、六六二・七人で〇五年から一〇三・六人の増。増加の一途をたどる同市の人口密度は那覇市、浦添市に次いで高い。

宜野湾市に事務所を置く不動産鑑定士の新垣隆司さん（六一）は「宜野湾市の都市構造は基地中心に形成せざるを得なかった」と指摘する。市中央部に基地が位置し、交通手段となる各基地を結ぶ軍道（国道五八号、三三〇号）を中心にドーナツ状に市街地ができた。

新垣さんは「市の中心を占める基地は市を分断し、街づくりに支障を来している」と話す。同市は基地の危険と隣り合わせの上に、いびつな都市構造を今も強いられている。

高い地価、米軍基地が拍車

■土地② 地価

「県民の所得水準に比べ、県内の地価は高いと言われるが、要因の一つには米軍基地の存在がある」。あおい不動産研究所の不動産鑑定士、宇久信正さん（四四）は言う。

各都道府県が毎年七月一日時点で調査する「基準地価」によると、沖縄県の二〇一〇年住宅地平均価格は一平方メートル当たり四万四、六〇〇円。四十七都道府県で十番目に高い。県内では那覇市が最も高く十三万四、二〇〇円。全都道府県庁所在地では神戸市に次いで八番目に高く、福岡市（十万八、九〇〇円）を超える。三大都市圏を除く人口十万人以上の市では六番目に高い。隣の浦添市（九万五、四〇〇円）でも、政令指定都市の広島市（九万三、九〇〇円）より高い。景気後退で十二年連続で県内住宅地の地価は下落しているが、下げ幅は他県より低く、地方都市と比べても水準の高さは際立つ。

「県内地価の高さには沖縄独特の地域特性がある」。宇久さんは言う。島しょ性による可

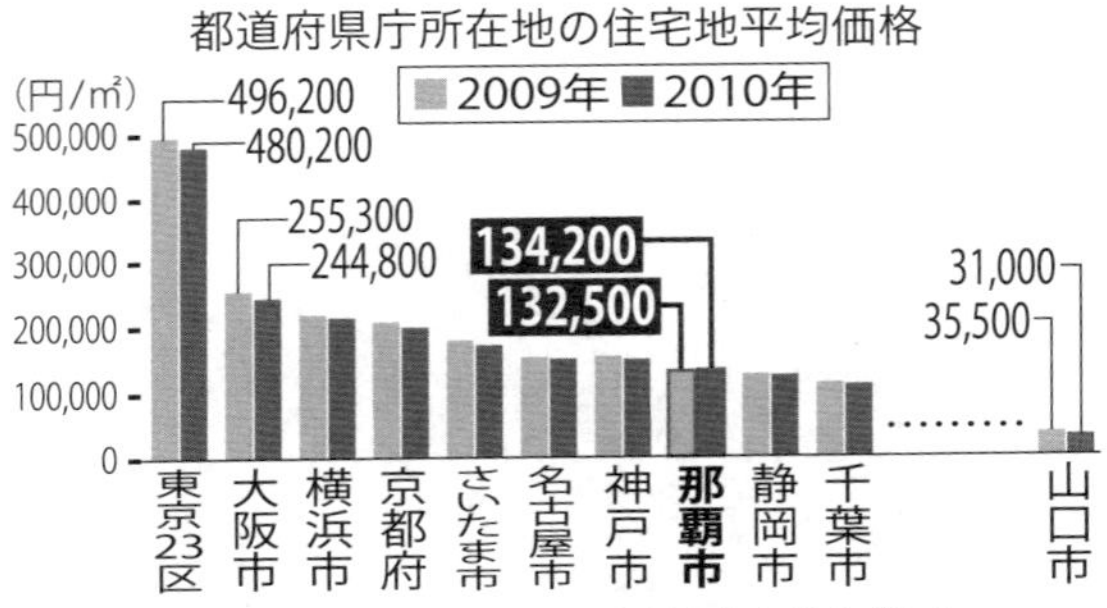

※国土交通省まとめ。09年と10年の調査対象地点は必ずしも一致しない

住地面積の狭隘《きょうあい》さと、増加する人口が地価上昇に影響している。

県人口は一〇年国勢調査速報値で一三九万二、五〇三人。戦後初めての一九五〇年調査と比べ人口は倍増した。増加率は東京、神奈川、千葉に続いて四位。世帯数も五十一万九、九七五世帯で増加傾向を続ける。

人口密度も年々増加。速報値から推計すると一平方キロメートル当たり六一一・八人、全国平均の三三八・八人を大きく上回る。人口が集中する中南部では二、四七七・三人に膨れ上がる。那覇では八、〇四七人と大都市圏並みだ。

さらに米軍基地の存在が狭隘さに拍車を掛ける。米軍基地は復帰後、約二割が返還されたものの、〇九年三月末現在、三十四施設があり、約二三三平方キロメートル。

ひしめき合うように立地する住宅や商業施設
＝2009年11月、那覇市上空から撮影

県の総面積に占める割合は一〇・二％、本島では一八・四％に達する。宜野湾市では基地を除いた人口密度は六、八九四人となるなど、実際の人口密度は基地の存在でより高くなる。

一方、県民所得の全国格差は縮まらない。〇八年度県民経済計算によると、一人当たりの県民所得は二〇三万九千円で全国最下位。全国平均の約七割だ。所得は低く、地価は高いという現状は持ち家率が全国平均以下という統計にも表れている。

「軍用地料も関係している」。宇久さんは指摘する。「地料所得がある層が一定程度いれば、平均所得とは関係なく、土地需要の高さから地価は高くなる」。

円高で営業悪化の一途

■ベースタクシー

米軍基地内を自由に出入りできるベースタクシーは、米軍側に「入域料」を支払い、軍人や軍属が基地外で飲食や買い物などをする際のタクシー利用に対応している。米陸空軍の福利厚生などを担う国防総省の機関AAFESによると、二〇一一年二月末現在、県内のベースタクシーは九つの基地で二〇九台が稼働する。

基地ごとに入札が行われ、一台当たりの入域料は月額三万六、一〇〇円~八万七、七七〇円。落札した法人事業者や個人組合が米軍側に支払う入域料の総額は年間約一億五千万円に上る。

サービスを提供する側が高額の入域料を支払ってまで事業参入する理由として、一定の市場を独占できるメリットがあるとされるが、近年の円高や原油高などを背景に様相は一変している。

「売り上げはがた落ちで、ベースタクシーを抱える営業所は軒並み六カ月連続で赤字だ。

円高の影響が最も大きく、軍人や軍属が基地外での飲食や消費を手控えるようになっている」。約九十台のベースタクシーを抱える法人代表は嘆息を漏らす。「為替レートが一ドル一〇〇円を割り込むと厳しい」と説明。〇八年九月のリーマン・ショック以降、円高基調が強まり、営業環境は悪化の一途だという。

県内のベースタクシーは九〇年に契約制が導入されたが、それ以前は専用の身分証明書を所有していれば自由に基地内で営業することができた。入域料は、契約制当時は一台当たり月額二、八〇〇円だったが、〇四年から入札制が導入され、二～二十六倍に高騰。〇六年に実施された二度目の入札でさらに跳ね上がった。一一年六月末には五年ぶりに三度目の入札が予定されており、十月から新たな入域料が適用される見通しだ。

入域料の支払いは、法人の場合、会社側と乗務員が折半するなど乗務員側の負担も大きいが、チップや為替差益などの副収入で補える面もあった。だが、クレジットカード払いの導入など乗務員の負担感も増しており、次期入札を控え会社側の姿勢も変化している。ある法人代表は「前回は無理をして落札した面もあったが、今回は営業状況に応じた適正金額で入札する」との考えを示す。

入域料を支払い、米軍基地内に出入りするベースタクシー
＝2011年３月、浦添市城間のキャンプ・キンザーゲート３付近

入域料徴収は、全国でも過重な基地負担を強いられる沖縄だけとされ、県外との差別的な処遇も指摘される。だが、ベースタクシー関係者は法人、個人にかかわらず、米軍側との軋轢《あつれき》を嫌い、多くが口を閉ざしている。

跡地の経済波及効果

復帰以来、県経済の柱は３Ｋ—公共工事、観光、そして基地収入であると言われてきた。確かに復帰時の一九七二年、基地関連収入は県民総所得の一五・五％を占めていたが、その比率は年々減り、基地従業員数も七二年の一万九、九八〇人から〇九年は九、〇一四人と半減した。那覇新都心に代表される米軍基地返還跡地の再開発は大きな経済効果を上げ、雇用を生んでいる。しかし、「基地がないと沖縄経済は立ちゆかない」とする見方は県外を含めて今なお多い。仲井真弘多県政下で二〇一二年、県が策定した将来構想「沖縄21世紀ビジョン基本計画」は過度に集中する米軍基地を「沖縄振興を進める上で大きな障害」と指摘し、基地が経済面でも発展の阻害要因になっていると明記した。「基地がなくなれば沖縄経済は衰退する」という「イモ・はだし論」は過去のものになった。今後の県経済の発展は基地の返還と跡地利用の成功にかかっている。

県は〇七年に返還された基地跡地の経済的な影響効果を調査し、「駐留軍用地跡地利用に伴う経済波及効果調査」にまとめた。それによる

那覇市新都心地区

と、那覇新都心地区の〇二年の生産誘発額は八七四億円で、返還前の五十五億円に比べて十六倍に増大。跡地開発が県経済に大きなプラスとなっている。
　那覇新都心地区の〇二年の生産誘発額は八七四億円で、返還前に比べて十六倍に増大した。北谷町美浜、ハンビー地区の生産誘発額は六二三億円で返還前の二一五倍にもなった。
　那覇新都心地区（二一四ヘクタール）は米軍牧港住宅地区の跡地で、七五年から八七年にかけて細切れに返還され、本格的な土地区画整理事業が始まったのは九二年から。返還前は、軍用地料や基地従業員の給与、軍人らの消費支出、市町村への交付金などの直接経済効果は年間五十二億円。返還一年前の基地従業員数は一三五人だった。

返還後は、〇四年度までに土地区画整理事業として五〇八億円を投資。さらに公共施設建設費五四一億円、民間施設建設費一、〇三二億円、その他の基盤整備事業費八十三億円などが加わり、総投資額は二、一六四億円に達した。

事業開始時点で一、〇一〇人だった人口は、一〇年二月末現在で一万八、四四三人と十八倍に増加。商業統計によると、卸・小売店の従業員数は〇七年で四、一六一人。卸・小売業だけで返還前の基地従業員の三十倍に上る。飲食店やホテルなどを加えると従業員数はさらに膨らむ。

長期予測では、跡地利用開始後十五年目の一三年の商業・サービス業の経済活動規模は、年間売上高が一、九一八億円、生産誘発額は二、〇八二億円と推計されている。〇二年の三倍だ。しかし卸・小売業の販売額は〇七年の段階で既に五・八倍に達しており、長期予測を上回る速度で拡大している。

北谷町の美浜、ハンビー地区。県の調査では、両地区の返還前の基地関連収入は年間三億三千万円。主に軍用地料と基地従業員所得の計二億七千万円で、町に入る基地交付金などの収入は四千万円だった。

これに対し返還後の一年当たり直接効果は五七三億円。基地関連収入の一七四倍にもなる。区画整理事業や公共施設、民間施設建設などの投資額が十六億四千万円、進出した小売業や飲食店、サービス業の売上高が五五六億六千万円に上る。

さらに各産業に波及する効果を含めた生産誘発額は六二三億七千万円となった。返還前の二一五倍だ。

跡地利用には大きな財政負担が伴う。だが両地区の場合、行政の投資額を、両地区から入る法人税や所得税、固定資産税などの税収で回収するまでの期間は五~十年。那覇新都心や小禄金城地区と比べても早かった。国、県、町の投資額は五十四億円だったが、税収は五年累積で七十億円と投資額を超えている。町のみの投資額は十五億円で、町税の税収効果は十年累積で三十六億円だった。

美浜以外でも、本島中南部にある主要な基地跡地の経済効果は十数倍から二〇〇倍以上にも達する。米軍天願通信所だったうるま市みどり町は基地従業員わずか四人（七五年時点）が返還後は就業者数二、七七〇人（〇六年時点）に。那覇市の小禄金城地区は基地従業員数が最大三〇一人（七五年時点）だったが三、六九四人（〇一~〇二年）となり、基地返還後の経済・雇用効果の大きさを示している。

第2部

脱・依存財政

大浦パーク、運営費めぐり開業危機

■再編交付金①

大浦湾を見ながら県道を名護市二見から北に向かうと真新しい赤瓦の建物が見える。北部振興事業で建てられた「わんさか大浦パーク（名護市二見以北地域交流拠点施設）」だ。農水産物などを販売する物産販売コーナーと二つの飲食店があり、情報交流支援室や調理室が併設され、地域の子ども向けのパソコン教室なども開かれている。二〇一一年三月五日のグランドオープン以来、やんばるの農産物を求める客などが訪れている。しかし一時は再編交付金の行方に左右され、「前市長の負の遺産」と称されて開業も危ぶまれた。

わんさか大浦パークは名護市二見以北十区の交流拠点、産業振興施設として一〇年三月、完成した。総事業費約三億六千万円。完成後は二見以北十区の区長らでつくる二見以北振興会が指定管理者として運営に当たることになっていた。しかし運営費をめぐって激震が走る。

3月5日にグランドオープンしたわんさか大浦パーク。再編交付金をめぐり一時は開業も危ぶまれた＝2011年3月、名護市大浦

市関係者によると、前市長は当面の運営費や設備投資費として再編交付金から二～三千万円を拠出すると振興会に説明していた。しかし完成を前にした同年一月に当選した稲嶺進市長は普天間飛行場の辺野古移設を拒否し、再編交付金を使用した新規事業を一一年度予算に盛り込まなかった。

再編交付金は、米軍再編で基地負担が増える自治体に配分される交付金だ。基地所在市町村に配分される他の交付金と違い、あらかじめ交付額を算定し、再編の計画の進み具合で実際に交付する、いわゆる〝出来高払い〟となっている。環境影響評価に至れば交付額の二五％、実際に着工されれば六六・七％が交付される。

普天間飛行場の移設問題では名護市が辺野古移設を受け入れたとの前提で〇八年度は約十三億円が交付された。が、稲嶺新市長の移設拒否で〇九年度繰り越し分と一〇年度分は交付されなかった。

「約束が違う」。計画を進めてきた地元十区の区長は反発した。わんさか大浦パークの前を通る車は一日千八百台。そのうち六％が立ち寄るとしても購買につながるのは一日五十～六十台ほど。年二千万円の運営費はとても捻出できない。運営費を十区で丸抱えすれば、赤字がそのまま区の財政を直撃する。指定管理者を決める市議会も紛糾し、一〇年三月議会で結論は持ち越しとなった。完成した施設はオープンできず、放り出された形になり、振興会も解散の危機を迎えた。

自主運営で地域一体

■再編交付金②

地元関係者によると、運営費に充てるはずだった最低でも二千万円の再編交付金がなくなり、二〇一〇年三月に完成したわんさか大浦パークは実質空き家のまま新年度がスタートした。「せっかく造った施設をつぶすわけにはいかない」。地域で自主運営を望む声が高まった。その中心にいたのは二見区の宜寿次聡区長だった。

九七年に名護市長が米軍普天間飛行場の移設受け入れを表明して十四年。騒音などで影響を受ける二見以北十区は兄弟、隣近所が建設容認派と反対派に分かれ、基地問題でコミュニティーは分断されたといわれた。宜寿次区長には「新しい拠点施設を核にして、地域の一体感を取り戻したい」という思いがあった。

指定管理者となる予定だった二見以北振興会で話し合い、運営費として二見以北十区で九百万円を出すことで合意した。予算範囲内でやりくりするため、業者が百五十万円の見

予定から11カ月遅れでグランドオープンしたわんさか大浦パーク。区民の手作りで開業にこぎ着けた＝2011年3月5日

積もりを出した店舗用の棚やベンチも区民らで手作りした。子どもたちが使うパソコンも中古、レジスターも月賦で賄った。予定していたカボチャの二次加工用機械は購入を先送りした。

市も後押しした。職員四人のうち二人の人件費は、県雇用再生特別事業を活用して二年分を確保した。

区民で農業部会などの組織をつくり販売用農水産物の出荷体制を確立。一一年一月には区関係者からシーカヤック二十三艇が贈られ、観光事業の目玉ができた。

振興会も役員を一新し、費用がない分はボランティアで補い、一〇年十月にプレオープン、一一年三月五日に本格開業にこぎ着けた。二月までは月二十万円の赤字だったが、三月以降、レジ通過客だけで一日平均千人。売り上げは上向きで単月赤字を脱しそうだという。

パークの屋根には長さ六メートルの松の一枚板の看板が赤瓦に映える。有志の寄贈で十区の区長やボランティアが四時間かかって赤瓦の屋根に据え付けた。区民手作りで開業した施設の象徴だ。

「金はないけど十区のみんなで村おこしをしている。いい雰囲気になっている」と宜寿次区長は笑顔になる。いまだ政府は普天間飛行場の移設先を辺野古に定めているが、「今は地域で基地問題のことを話す人はいない。自分たちも金より人を育てた方がいいと分かった。この平穏さを壊されたくない」。

文科省補助で体育館

■再編交付金③

名護市が「再編交付金に頼らない街づくり」を掲げたことで、市民からは事業の凍結や財政破綻への懸念が上がった。しかし市は再編交付金に代わって国庫補助金などを利用することで、事業を進めようとしている。

名護市立久辺小学校（富田尚校長、児童数一六一人）の体育館整備もその一つだ。かつて駐車場となっていた体育館建設地には、再編交付金を活用した真新しい体育館が二〇一〇年度内に完成しているはずだった。〇九年度に同交付金約千八百万円で実施設計が完了。一〇年六月には本格的な工事がスタートする予定だった。が、政府は、市が米軍普天間飛行場の代替施設建設の受け入れに反対していることから再編交付金の支給を停止。二億円を超える体育館の建設費用は調達の見通しが立たなくなった。

再編交付金はひも付きといわれる国庫補助金やほかの交付金と違い使途が広く、自治体

久辺小学校の体育館建設予定地。職員や来校者の駐車場として利用されていた＝名護市豊原

の貯金ともいえる基金の積み立てにも使える。さらに国庫補助金が自治体の負担分があるのに対し、再編交付金を使えば市負担はほとんどない。自治体にとっては便利な財源だ。

それだけに市財政に与える影響は大きいという懸念があったが、ある市幹部は再編交付金を次のように例える。「ほかの市町村にはない本来は存在しないお金だ。なくても通常の補助メニューで体育館は建設できるし、財政は大丈夫だ」と話す。

市は、自治体が利用する通常の補助メニューや交付金事業の活用を模索。約三〇％は市負担ながら文部科学省の「安全・安心な学校づくり交付金」を活用することで一年遅れの一一年度内に完成した。

取り壊し以降、体育館がなかった久辺小は、隣接する久辺中学校の体育館を利用していた。ただ、行事や授業で中学校と重複することが多かった。「体育館が完成したら児童の部活や放課後の活動の可能性も広がる。本当に良かった」。富田校長は体育館着工のめどが立った際には胸をなで下ろした。

文科省の交付金を活用することについて、比嘉恵一前名護市教育長は「教育施設の建設は文科省の補助でやるべきだ。これが本来のあるべき姿だ」と話す。

市幹部は「再編交付金がなくてもほかの市町村は（事業を）やっている。（名護も）普通の市町村と同じようになるだけ」と繰り返した。

移設と振興策〝リンク〟

■名護市①

「海上基地を受け入れたい」。一九九七年十二月二十四日夜の首相官邸。比嘉鉄也名護市長（当時）は橋本龍太郎首相（同）に米軍普天間飛行場の返還に伴う移設先として、海上基地建設を受け入れる考えを伝えた。

「遺言は北部の振興だ。これが実り、政府が（北部振興に関する）閣議決定をし、しっかり取り組んでほしい」。約四十五分間の会談で比嘉氏は基地受け入れを前提に政府からの振興策を強く求めた。

移設計画と並行して国からの財政支援策が加速する。梶山静六官房長官（同）の肝いりで発足した「沖縄米軍基地所在市町村に関する懇談会」（通称・島田懇談会）は九七年十一月、県内の基地所在二十一市町村に対し、七年で最高一千億円の活性化事業（島田懇事業）を出すとぶち上げた。

名護市の主な事業　　単位：百万円

島田懇事業	●人材育成センターの整備	5,455
	（内訳）多目的ホール	769
	国際交流会館	200
	総合研究所	241
	留学生センター	324
	ネオパーク国際種保存研究センター	3,664
	人材育成システム	255
	●名護市マルチメディア館	926
	●北部地域難視聴解消	514
	●北部学生宿舎整備	752
	●花の里づくり	879
	●スポーク整備	1,104
北部振興事業（非公共）	● IT 産業等集積基盤整備	2,100
	●名護市食肉処理施設整備	3,053
	●緑のネットワーク広場整備	676
	● IT 産業等集積基盤整備（みらい１号館）	844
	●北部生涯学習推進センター整備	1,550
	● IT 産業等集積基盤整備（みらい２号館）	2,630
	●辺野古交流プラザ整備	865
	●農作物（柑橘）貯蔵・選果施設整備	747
	●名護市産業支援センター施設整備	2,280
	●看護系医療人材育成支援施設整備	767
	● IT 産業等集積基盤整備（みらい３号館）	1,285
	●名護市中心市街地商業基盤等整備	1,615

さらに比嘉―橋本会談直前、政府が海上基地建設を前提に北部振興策を提示する。二〇〇〇年度から道路などの公共（ハード）事業に五十億円、雇用対策など非公共（ソフト）事業に五十億円の年間計百億円を十年間、拠出するというものだった。

島田懇事業の目的は「基地を抱える市町村

の負担を軽減し、活性化を図るため」、北部振興策は「過疎や高齢化が進み、本島中南部との経済格差がある北部の活性化のため」とうたわれている。政府も当初、移設と引き換えとするリンク論を否定してきたが、実質的には、普天間飛行場の県内移設受け入れに対する〝見返り〟の意味があった。

島田懇事業では県内二十一市町村の三十八事業(四十七事案)合計約八四二億円の一一%に当たる約九十六億円が名護市に投下された。市が実施した事業には名桜大学にある人材育成センター、市マルチメディア館建設など人材育成や雇用創出を目的とした事業が並ぶ。

一方、北部振興事業は二〇〇〇年度から十年間で九〇九億円が北部十二市町村と北部広域市町村圏事務組合で実施された。そのうち三四%に当たる三一一億円が名護市の事業だった。

島田懇事業も北部振興費も補助率は十分の九で、残り十分の一も交付税の算定に加味される措置されることになっている。両事業とも使途は広く、〝ひも付き〟と言われる国庫補助金よりも自由度が高い。自治体にとっては自身の懐を大きく痛めることなく、しかも使いやすい金。名護市は施設建設を進め、市の総予算に占める両事業費の割合は高まっていった。

予算折衝で国とパイプ

■名護市②

米軍普天間飛行場の返還・移設問題が日米安全保障上の重要懸案となる中で、国が創設した沖縄米軍基地所在市町村活性化特別事業（通称・島田懇談会事業）や北部振興事業。財政の視点でみると、これらは市町村にとって使い道の自由度が高い財源であるとともに、巨費が国から直接市町村に投入された特徴を持つ。

従来の国庫補助事業は、市町村の要望を県が取りまとめて国に予算要求する。市町村担当者は県とのやりとりが主な仕事となる。しかし島田懇や北部振興事業は、市町村が施設整備やプロジェクトを起案し、国と折衝して予算を付けた。

基地所在市町村は政府とのパイプを築き、逆に政府も県を通さず市町村と調整ができるようになった。

国と市町村が直接交渉する手法は、普天間飛行場の移設先を決める際の政府の手法と

島田懇事業で再生されたネオパークオキナワ。名護市の観光名所としての役割が期待され予算が投入された

なっていた。

二〇〇五年、住民の反対運動で辺野古沖案が頓挫し、防衛庁（当時）は新しい候補地としてキャンプ・シュワブ南の沿岸部（辺野古沿岸案）を模索した。その際、政府は北部市町村長と直接会談し、沖合案に固執する県を交渉から外した。稲嶺恵一知事（当時）は「政府は県を相手にしなくなった。名護市や近隣町村に先行して接触し話を進めていった」と回顧録に記している。

その手法と同じく、国は政治折衝だけでなく予算要求の場でも市町村と直接折衝する形となった。名護市幹部は「この十年で名護市の職員は大きく成長した。予算を付けるために国と丁々発止のやりとりをした。今までの県任せのやり方から、事業費を得るためにどのような準備をすればよいかを相当学んだ」と話し、従来の県を通した補助事業と島田懇、北部振興事業との違いを話す。

島田懇事業の中にネオパークオキナワの整備費がある。八七年に開業し、九二年に倒産。名護市が五〇%を出資する第三セクターの名護自然動植物公園に引き継がれたが、土地を抵当に入れた借り入れが返済されず、訴訟が続いていた。

島田懇事業で投入された三十六億六、四〇〇〇万円のうち十九億円は土地購入費で、実際は金融機関への返済に充てられた。当時「金融機関の不良債権を税金で処理するのか」と批判されたが、島田懇が自由度の高い財源であるとともに、名護市が国との直接折衝で使途が決められたことも大きく影響し、〝政治判断〟で再生がかなった。

振興事業で市債増加

■名護市③

一九九七年に普天間飛行場返還に伴う海上基地建設受け入れを名護市長が表明後、沖縄米軍基地所在市町村活性化特別事業（通称・島田懇談会事業）や北部振興策による事業費などが次々と投入され、名護市は基地収入への依存を急速に高めていった。

翌九八年度の基地関連収入は、四十七億九千万円と前年度から倍増。日米特別行動委員会（ＳＡＣＯ）関連事業を含む民生安定施設の助成額が前年度の九九六万円から約三十倍の約三億円に膨れ上がり、島田懇事業費も加わったためだ。

十年間で一千億円の特別予算を措置する北部振興策が二〇〇〇年度から始まると、基地関連収入は〇一年度が九十二億三千万円となり、九六年度（十六億三千万円）の五・六倍に跳ね上がった。〇二年度以降は五十〜七十億円台で推移。ＳＡＣＯ関連事業費などが年々減少する中で、県内移設受け入れに対する〝見返り〟の要素が強い北部振興費などが基地

名護市の基地関連収入

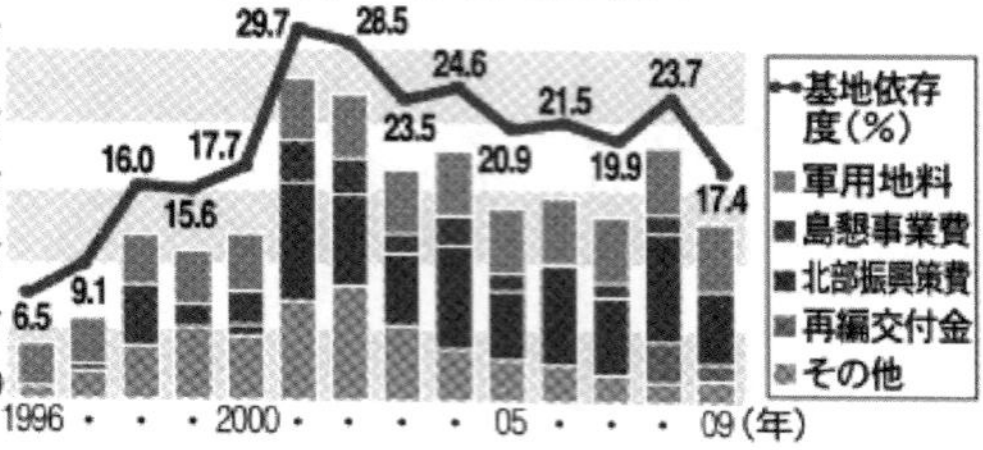

収入総額に占める割合が高くなっていった。

同市の歳入総額に占める基地関連収入の割合、いわゆる「基地依存度」も九六年度以前の六〜七％台から九七年度以降増え始め、〇一年度は二九・七％に達した。〇八年度は二三・七％、〇九年度は一七・四％と依然高水準だ。

一方で基地関連収入が増加するにつれ、地方債という〝借金〟も膨れ上がっていった。振興策をこなすため、起債を重ねていったためだ。

「北部振興策や島田懇事業による起債で借入額が多くなった」。名護市の財政課の担当者は説明する。

島田懇事業、北部振興策ともに、事業費に対する国の補助率は八〜九割。残りは地方交付税で措置される。市負担分が全額補填《ほてん》されれば、自治体の懐を痛めないはずだが、市債残高は二三七億七千万円（〇三年度）まで増加。島田懇事業開始前の九六年度と比べ五十四億円増加した。市債残高は年々減少傾向にあるものの、減りは鈍化し、〇三年度から〇九年度までに返済できたのは十六億円にとどまる。

市財政課は「(小泉内閣の)三位一体の改革で、地方交付税が減額されたのが大きい」と話す。地方交付税の減額に加え、同交付税減を補填する臨時財政対策債発行や扶助費増額などが拍車を掛け、市債返済に対応できていないのが要因とする。

人件費、公債費など義務的経費が一般財源に占める割合で、財政の弾力性を示す「経常収支比率」も悪化。健全財政の目安は七五%未満とされるが、〇四年度には九五%に達し、年々減っているものの、〇九年度は県平均(八八・五%)を上回る八九・六%と依然、危険ゾーンにある。

巨額投下も乏しい効果

■名護市④

一九九七年度から二〇〇九年度まで名護市に投下された沖縄米軍基地所在市町村活性化特別事業（通称・島田懇談会事業）費は人材育成センター、マルチメディア館建設など約九十六億円、北部振興事業費は十年で約三一一億円に上る。普天間飛行場の代替施設受け入れ表明後、基地関連で巨額の国費がつぎ込まれてきた。

島田懇談会事業、北部振興策事業ともに実施から十年以上経過したが、専門家や有識者からはその効果に疑問が呈されている。

島田懇談会事業の目的は「基地を抱える市町村の負担を軽減し、活性化を図るため」とし、北部振興策も「過疎や高齢化が進み、本島中南部との経済格差がある北部の活性化のため」とする。北部振興策では、その対象事業を「『雇用機会の創出』や『定住条件の整備』など北部地域の発展に質する実効性の高い事業」と規定。雇用創出、定住人口増加、産業

名護市の地方税収入と失業率

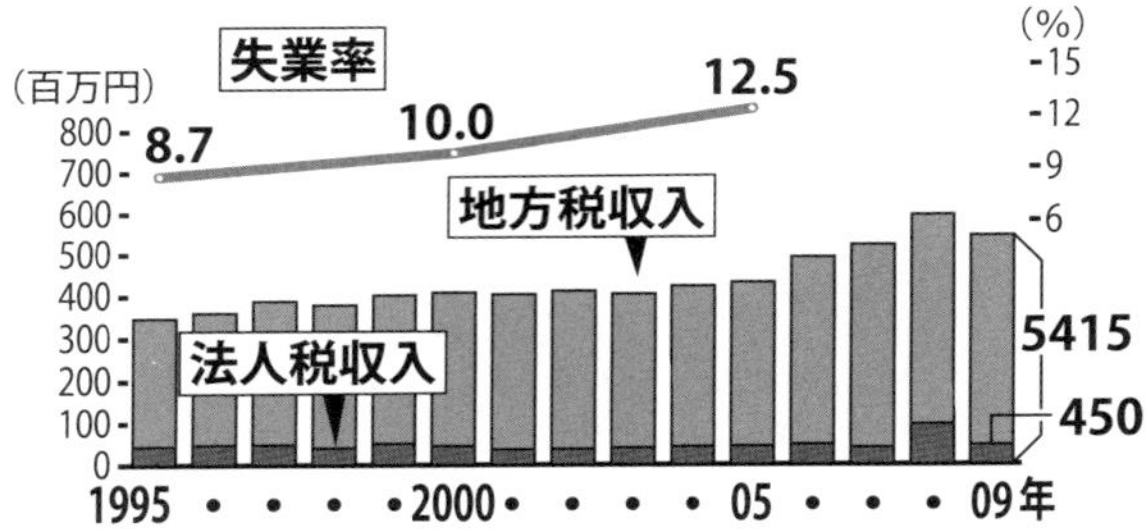

振興の三つが目指すところとなっている。

一一年二月末現在で両事業によって建設されたマルチメディア館や支援センターなどへの金融情報特区関連企業の立地数は二十七社、雇用者数は九六八人に上る。

だが、国勢調査に基づく名護市の完全失業率は九五年は県平均（一〇・三%）を下回る八・七%だったが、二〇〇〇年には県平均（九・四%）を上回る一〇・〇%に上昇。〇五年も県平均（一一・九%）を上回り一二・五%とさらに悪化している。有力建設会社の破綻が相次ぐなど名護市を含むハローワーク名護管内の有効求人倍数も〇八年度以降は県平均を下回り、一〇年度は〇・二八倍と県内五管轄中、二番目に低い。

生活保護受給者の人口割合を示す生活保護率（千人当たり）も年々増加。〇九年度は九七年度（七・八一パーミル）

の約二倍の一五・三八パーミルに達した。県の担当者は「名護市の保護率は低かったが、ここ数年は高い伸びを示す」と述べる。

産業振興の指標の一つである市の法人税収は島田懇談会事業開始前の九六年度の四億七千万円から、〇九年度は四億五千万円と二千万円減少。新たな企業立地で増加する年があるものの、四億円台で推移し、伸び悩む。

一方、人口は増加した。国勢調査速報値によると一〇年十月一日現在の名護市人口は前回〇五年調査に比べ一・二％増の六万一九二人。人口増加などに伴い〇九年度の住民税は九六年度比一・五倍の約十六億円となった。

沖縄の振興策に詳しい元沖縄総合事務局調整官の宮田裕氏は「法人税収など税収は地域経済を図るバロメーター。税収が伸びないのは実施された振興策事業の費用対効果が機能していない証拠だ」と指摘する。

「北振」で箱物を整備

■名護市⑤

二〇一一年三月、名護市の名桜大学が公立大学となって初の卒業式があった。卒業生が欧米式の黒のキャップアンドガウンをまとった華やかな式典で、四年前に設置された看護学科からは一期生七十九人が巣立った。

看護学科の施設設置費となったのは北部振興策の「北部地域看護系医療人材育成支援施設」約七億六千万円。名護市が看護学科棟として整備し、同大が指定管理する形で使われている。

同大は北部の人材育成と若年層の定住化を期待されて九四年に開学した沖縄本島北部で唯一の大学だ。開学は「やんばるの悲願」と称された。

設置費は当初、八十億円近くを見込んでいたが、バブル崩壊の影響で県、市町村の費用捻出が課題となり、最終的な開学費用は六十六億円。そのうち八割に当たる五十三億円を

2010年度に公立化された名桜大学。97年以降、北部振興事業や島田懇談会事業で施設整備が進んだ＝名護市為又

名護市が負担した。市は二十七億円を起債で賄ったこともあり、財政は厳しかった。その分、予定していた留学生用の寮は規模が縮小され、多目的ホールなどの施設建設は先送りとなっていた。

施設整備が進展したのは、名護市が米軍普天間飛行場の名護市辺野古への移設受け入れを表明した九七年以降だ。当時市の企画部長を務め、財政のかじ取りをしていた末松文信・元副市長は「北部振興策がなかったら名桜大は存続も厳しかった。現在のように公立化されることもなかったし、看護学科をつくることもできなかった」と断言する。

島田懇談会事業（沖縄米軍基地所在市町村活性化特別事業）の「人材育成センター整備事業」を活用して名護市が整備し、実質的には大学が講堂として利用する多目的ホールや総合研究所などが造られた。北部振興事業では看護棟や北部生涯学習推進センターが整備された。

大学の開学で市の若年人口は増加し、周辺には学生向けアパートが建てられ、大型ショッピングセンターなどが進出した。近年、少子化や大学数の増加で志願者が減る中、同大は公立化による学費の減額や看護学科設置で、学生数確保を目指す。

一連の北部振興事業などを総括し、末松氏は「基地問題がなければ自前でこれだけの箱物（施設）を造ることは絶対にできなかった。北部振興策などで名護にお金が落ちたおかげだ。もし北部振興策などがなければ名護はもっと疲弊していた」と話した。

身の丈の財政目指す

■名護市⑥

二〇一〇年一月、普天間飛行場の移設に反対する稲嶺進氏が名護市長に当選して以降、政府は米軍再編交付金を凍結するなど露骨なムチを振りかざした。市民からは地域で予定されていた事業が中止になるのではないかという懸念や、財政破綻を憂う声が市に寄せられた。

名護市は一一年度予算には再編交付金を計上せず、再編交付金を充てる予定だった〇九、一〇年度の繰り越し・継続事業の一部は別の財源を割り当てた。内原地区会館や大東体験学習施設の整備は一〇年度補正で政府が創設した「きめこまかな交付金」で賄い、小中一貫校の整備は一般財源で支出した。

しかし久辺三区の廃水処理施設のように中止、豊原区地域活性化事業など延期した事業もある。稲嶺市長は「再編交付金を前提に、今やらなくてもいい事業も（計画に）挙がっ

「再編交付金にたよらないまちづくり」と題し、財政健全化を解説する名護市の広報誌。財政破綻を懸念する市民の声に配慮して掲載した

ていた。何年かに分けて実施することで起債も少なくなる」と事業精査の必要性を強調する。

稲嶺市長は普天間問題を発端にした過去十五年の市経済について「これだけの国費が投入されて、市民はもっと生活が豊かになると期待していたと思うが、期待ほどにはならなかった。金は（市）域内に回るのが当然だったと思うが、工事にしても市外、県外業者が受注し、現実にはかなりの部分が市外に流れた」と振り返る。

辺野古移設が浮上した九七年度以降、北部振興策や島田懇談会事業、ＳＡＣＯ（日米特別行動委員会）関連など名護市で計上された関連予算は約四七六億円あり、多くの箱物が造られた。金融特区指定などで雇用が生まれるなど一定の効果はあったが、市の失業率や生活保護率の改善にはつながらなかった。

今後の財政運営について稲嶺市長は「身の丈に合ったものにしたい」と話す。「国費の投入が前提だと、公民館にしても、どうしても要求が大きなもの、豪華なものになりがちだ。補助率が高いといっても一部は市が起債という借金をしている。後世に負担を残す」との認識を示す。

新基地建設や振興策による公共事業への需要期待で膨らんだ建設業中心の産業構造から、農林水産業と製造などの二次産業、観光などの三次産業を合わせた「六次産業」の展開を目指す。「人の動くところに人は集まる。名護、やんばるを若い人たちが集まるところにしたい」と話した。

東村施設、増産が課題

■北部振興①

本島北部の産業振興や定住化などを目的に二〇〇〇年に始まった北部振興事業。〇九年度までの十年間にソフト事業で一二一件実施され、四九一億円が投入された。

東村では特産のパイナップルを加工する「総合農産加工施設」が総事業費十九億円で建設され、〇九年七月から稼働した。しかし、初年度決算は約三千六百万円の赤字を計上し、苦戦を強いられている。運営するのは村やＪＡなどが出資する指定管理者の沖縄総合農産加工（松田哲夫社長）。村と同社は農家支援や経営改善を進めており、一〇年度は赤字幅が減る見込みだが、黒字転換には経営努力が不可欠な状況だ。

赤字の原因は原料不足。同施設ではパイナップルを中心にシークヮーサーやタンカンを缶詰などに加工しており、一日の処理能力は四十トン。同社によるとパイナップルを年間三千六百トン加工すれば採算が合うが、〇九年度実績は二、九三八トン、一〇年度は二、

経営改善に向け管理者、村の連携した取り組みを進めている東村総合農産加工施設＝東村慶佐次

四二一トンと目標を大きく割り込んだ。

本島内で生産された加工用パイナップルは〇八年が四、二七〇トン、〇九年は三、六五〇トン。

三千六百トンの採算ラインは「栽培契約し、各農家が出荷できる量を聞き取って積み上げた数字」（同社）で、いわば「見込み」であり、出荷最大値だ。

ほかにも加工場がある中で、現状の生産量では目標を達成するのは難しく、増産対策は急務だ。

生産量の見積もりや施設規模の設定に甘さがなかったかについて、同社は「一日に一二〇〜一八〇トンが出荷され、数日かけて加工することもある。施設が必要以上に大規模なわけではない」と強調する。

村産業振興課は「原料不足の原因は精査中だが、天候不順で実が小玉になったことも一因。だが（採算ライン）見積もりの甘さがなかったかも含め、調査する必要がある」とする。

一方、施設は農家支援になっていることも事実だ。パイナップルは加工に向く果物。規格外品や秋収穫の「秋実」は加工用として利用され、農家の収入確保につながっている。また、施設稼働で約三十人の雇用が生まれた。それだけに経営安定は村の重要な課題だ。

松田社長は「村やＪＡなどと連携し優良苗の育成などパイナップルの増産、飲料商品の開発、農閑期の稼働率向上に取り組む。現状は確かに厳しいが、一一年度は結果を出すために最大限に努力したい」と語った。

公園の効果、検証課題

■北部振興②

ここ数年、秋から冬にかけ、国頭村で有名スポーツ選手のトレーニング姿を頻繁に見掛けるようになった。二〇一一年一月にはサッカー元日本代表の楢崎正剛選手らが自主トレを行い、プロ野球日本ハムの二軍キャンプも恒例になった。

拠点となっているのは、北部振興事業費など三十六億八千万円を掛けて建設した野球場、陸上競技場などを含む総合型地域スポーツ施設「くいなエコ・スポレク公園」だ。同公園を拠点に行われたスポーツ合宿は、一〇年度に延べ二十八団体に上った。〇七年度十七団体、〇八年度二十団体、〇九年度二十四団体と徐々に増加。それに伴い村への直接経済効果も増え、〇七年度の約五、二七〇万円から一〇年度は一億円を超えることが確実視されている。

村は公園が稼働した〇七年からスポーツ合宿の誘致に本腰を入れた。誘致成功のきっか

スポーツ合宿の誘致で効果を挙げるくいなエコ・スポレク公園。しかし、村の活性化には課題も残す＝国頭村

けはある陸上の実業団監督との交流だった。「監督の紹介で誘致が次々と決まり、そこからさらに口コミで広がった」（村企画商工観光課）。

加えて、村長や副村長らが毎年県外の陸上大会などに出向き、トップセールスで誘致を勝ち取った。海や山が近く自然が豊かで、都市部と比較して交通量も少ない同村はもともとスポーツ合宿の適地であり、訪れる団体は年々増えていった。

スポーツ合宿が一応の成功を見る一方で課題も浮かび上がる。施設建設が村の活性化にどの程度つながったのか、検証も必要だ。

北部振興事業は雇用機会の創出や定住条件

の整備などを目的としているが、同施設での雇用は臨時職員五人にとどまり、村内の宿泊施設や飲食、観光関連業でどれだけの雇用が発生したかは未知数だ。

一方で、村人口は二〇〇〇年の五、八二五人から一一年一月末には五、三四二人となり、約十年間で四八三人減少した。公園の利用率向上を目に見える形での〝活性化効果〟につなげるにはさらなる誘致努力が必要で、オフシーズンの春夏の稼働率向上も課題だ。

同課は「野球キャンプはこれ以上の誘致は難しいが、陸上やサッカー、テニスなどはまだ受け入れ可能。屋内運動場も整備するので別種目の誘致も進めたい。秋冬以外には県内チームの合宿や大会も呼び込みたい」と誘致強化の方針を示し「そのことが宿泊施設をはじめ飲食業やその他の産業の活性化につながり、村の活性化につながる」と力を込めた。

税収増、取り組み弱く

■金武・宜野座①

「手厚い補助があるため、村全体で自主財源を生もうとする意欲や活性化への創意工夫が弱い」。米軍基地を抱える北部の自治体職員は胸の内を話す。

県内の基地所在市町村には基地交付金や軍用地料など基地関連収入が年間二七一億円（二〇〇九年度）入る。基地のない自治体に比べ、財政の弾力性を示す経常収支比率や経常一般財源比率を見ると豊かな財政構造となっているが、毎年、基地収入という〝固定費〟が入ることで、自治体の予算獲得や税収増への取り組みが甘いと指摘する声も上がっている。

基地所在市町村の中には、基地関連収入への財政依存が顕著となっている自治体が出始めている。全市町村の歳入に占める基地関連収入の割合、いわゆる「基地依存度」は〇九年度で四・三％。九〇年度以降は四〜五％台で推移する中、金武町、宜野座村、恩納村の三町村は二〇％以上と突出して高く、上位を占める。沖縄米軍基地所在市町村活性化特別

2009年度県内市町村の基地依存度

割合	市町村数	市町村
20%以上	4	恩納村、宜野座村、嘉手納町、金武町
10〜20%	2	北谷町、名護市
5〜10%	5	沖縄市、読谷村、北中城村、伊江村、渡名喜村
0〜5%未満	15	国頭村、宜野湾市、うるま市、中城村、浦添市 東村、那覇市、久米島町、八重瀬町、西原町 南城市、本部町、糸満市、宮古島市、石垣市
収入なし	15	上記以外

※基地依存度は歳入総額に占める基地関連収入の割合。基地関係収入に島田懇談会事業費、北部振興策費は含まない。

事業（通称・島田懇談会事業）や北部振興策の費用が加われば、依存度はさらに膨らむ。

「税収が少ない中、基地収入の占める割合が大きくならざるを得ない」。宜野座村の東肇村長は強調する。

同村の依存度は〇九年度で二九・九％。村税収が五億六千万円に対し、基地関連収入が三・七倍の二十億七、二〇〇万円に上る。九〇年度以降、二〇〜三〇％台で推移、〇五年度は四五％まで上昇した。

基地関連収入のうち七〜八割と大半を占めるのが村に入る軍用地料。年間約十八億円で金武町に次いで高い。東村長は「基地面積が村面積の五〇・七％を占め、生産の場が奪われている」と訴える。

〇九年度の基地依存度が二〇・三％と高い金武町の儀武剛町長は「何もしなくても公有地と民間地を合わせて町には約

三十六億円の軍用地料が入る。同額の収入を上げるのは難しい」と話す。

だが、宜野座村、金武町の両首長は「基地がいつまでもあるのか分からない」と口をそろえる。

宜野座村は農業基盤整備を進め、農業と観光を柱に産業振興を図る。金武町は返還が予定されているギンバル訓練場の跡地利用に総事業費約一五〇億円を投じ、医療施設整備やホテル誘致に取り組む。儀武町長は「町にとって勝負どころになる」と意気込む。

基地関連収入がなくなれば、自治体財政に大打撃を受ける両町村。基地依存からの脱却を目指す挑戦が注目される。

産業振興は未達成

■金武・宜野座②

歳入の二、三割を基地関係収入に頼る宜野座村。沖縄米軍基地所在市町村活性化特別事業（通称・島田懇事業）や北部振興策を活用して「自立のための基盤」を整備してきた。

二〇〇三年に開業した同村漢那の「かんなタラソ沖縄」は、その核になるはずだった。県内初の本格的な海洋療法（タラソテラピー）施設で、「アジア最大のタラソリゾート」と銘打ち、海水を使った二五メートルプールやジェットバス、エステなどを備える。島田懇事業で約二十四億一、五〇〇万円を掛け整備した。運営は村などが出資する第三セクターのてんぷす宜野座振興公社。志良堂進社長は「健康づくりにはこれ以上ない施設だ。利用客から高い評価を得ている」と自信を見せる。

だが、利用者数は〇三年度の約十七万五千人をピークに減少。〇六年度から目標の十四万三千人を下回り、〇九年度は約十二万五千人だった。利用者減に加えて塩害の修繕

厳しい経営が続く「かんなタラソ沖縄」＝宜野座村漢那

費もかさみ、〇九年度までの累積赤字は一億三〇〇〇万円に上る。

内閣府がまとめた島田懇事業の調査調書も「利用者の伸び悩み等で経営は厳しい」とし「広報活動、イベント開催などで利用率を上げる努力をしていく」と集客の必要性を挙げる。

志良堂社長は、利用者減の要因を「設備投資が中心で広告が不十分だった。円高などの影響で観光客が海外にシフトしたことも大きい」と分析し、施設の周知と経費削減で一、二年内の黒字化を目指す。

村はこれまで公社への出資に約一億円、施設の修繕に約五千万円を投入した。東肇村長は「行政がいつまでも面倒を見る訳にはいかない。宿泊施設と一体となれば利用者も増える」と話し、ホテル誘致に力を入れている。

一方、雇用の場創出を目的に、北部振興策で整備したのが〇二年に開所した宜野座村ITオペレーションパーク（サーバーファーム）だ。総事業費は計約四十二億円。九社が入居し十五室中十二室が埋まっている。村直営で、〇三年度から一一年度までの収支は四百万～四千万円前後の黒字が続く。

実績は好調な一方で、雇用者数は目標の千人に対し三九三人（一一年四月時点）と伸び悩む。このうち村民は三十七人。担当者は「若者に『IT産業は難しい、きつい』という負のイメージがある」と、雇用のミスマッチを指摘する。

東村長は「ハコモノはできたが、当初の目的である定住促進や産業振興はまだ達成できていない」と言い切る。企業誘致に人材育成―。残る課題は多い。

区の予算、大半占める

■分配軍用地料①

金武、宜野座、恩納の三町村に入る軍用地料は、各区にも分配される。それらの町村有地が、以前は各集落が管理し、まきや材木を切り出した公有地「杣山《そまやま》」だったからだ。

琉球王府時代、各集落は王府の指示を受けて杣山を管理し、使用する権利を与えられていた。しかし、一八九九年から当時の奈良原繁県知事の下で始まった県土地整理事業により、杣山はいったん国有地にされる。

各集落は一九〇六年に国から払い下げを受け、三七年ごろに支払いを完了した。同年、金武村（現在の金武町と宜野座村）議会は杣山を村の公有財産として議決し、発生する収益を村と各集落で分け合うようになった。

前恩納村軍用地主会長の当山忠茂氏（八〇）によると、同村の杣山も金武町、宜野座村と同じく国有地の払い下げを受けて村有地となった。

戦中戦後の基地接収で山の恵みは奪われたが「代償」として軍用地料が入るようになる。〇九年度の金武町の軍用地料は約十八億三千万円。その半分は旧慣条例に基づいて四区に渡り、それぞれ七千万〜三億四千万円の地料が分配された。

宜野座村の地料も年間約十八億円に上る。分配の比率は毎年区と協議して決めるため若干変動するが、四区に例年約二億円ずつ分配している。

ただ、金武町中川区、宜野座村の福山、城原両区は地料の分配はない。杣山の払い下げが完了した以降にできた新しい行政区で、入会権《いりあいけん》を持たないからだ。代わりに、町と村がそれぞれ二〜三千万円ほどの運営補助金を交付している。

恩納村の軍用地料は〇九年度で約十六億円。このうち三五％が、基地を抱える十三区に分配される。区内に基地がないか、あるいはほとんどない谷茶、冨着、前兼久、仲泊の四区には計三千万円の運営補助金が出ている。

金武、宜野座の場合、自治体から分配された軍用地料は、入会権を持つ先祖代々の住民でつくる「権者会」「財産管理会」に入る。権者会は区の予算を勘案して、区への補助金、権利者への分配、積み立て―の配分を決める。権利者への分配は、一人当たり年間数万円

〜数十万円と区によってさまざまだ。例外として、金武町並里区はキャンプ・ハンセンなどに区有地を持っているため、財産管理会からの補助金はない。

区に下りた地料は、杣山の権利者のみならず区民全体のサービスに使われる。区によっては一億円を超える予算を組むが、当然そのほとんどが軍用地料。自治体以上に基地に依存した財政となっている。

手厚い区民サービス

■分配軍用地料②

金武町や宜野座村では、大規模な公民館が目に付く。金武町並里区の公民館は体育館や複数のホール、視聴覚室などを備え、人口二千七百人規模の区としては充実した施設だ。総事業費は約五億四千万円。文部省と防衛庁（ともに当時）の予算を得たが、うち約二億九千万円を区が負担した。規模が大きい分、維持管理費も掛かり、同区の予算約一億三千万円のうち約二千万円が費やされる。

各区に下りた軍用地料は主に区内の施設や職員給与、奨学金などの教育関係、老人会など各団体の活動資金に使われている。恩納村は全十五区で区費を徴収しているが、金武町、宜野座村は大半が区費を徴収していない。区に落ちる軍用地料で運営費を賄ってきたからだ。

運営費だけでなく、戦後の一時期までは各区が自治体に代わって道路を舗装するなどインフラ整備にも大きな役割を果たした。宜野座村松田区などでは土地改良区の個人負担分を区が持ち、農地拡大を支えてきた。

教育面も手厚い。金武、宜野座のほとんどの区が、区独自の奨学金制度を持つ。金武町並里区は、財産管理会と分担して約三億円の奨学金を積み立て、大学などの進学者に月三万円を無利子貸与する。中部のアパートを買い上げ、区出身学生の寮として安く貸し出すことも計画している。宜野座村松田区は奨学金に加え、嘱託職員一人を雇い無料の学童保育をしており、学習指導もしている。パソコンや英会話の講座を開いている区もある。

各区に落ちる多額の軍用地料について、ある区の元職員は「自分たちで知恵を出して金

区が約２億９千万円を負担して建てた並里区公民館＝金武町金武

を工面する姿勢がそがれた」と悪影響も指摘する。これに対し、並里区の与那城直也区長は「ちゃんとやりくりできているし無駄遣いもない」と反論する。同区は老人会など各団体に年間計千四百万円の活動資金を補助するが、「活発に活動し報告会も開いている」と強調する。

しかし、地料がなければ区の運営は立ち行かなくなる。松田区は七年ほど前に財産管理会をつくり、基金の積み立てに力を入れ始めた。当真嗣信区長は「地料がなくなった後も、施設の維持管理費を捻出できるようにしておく必要がある。会員への分配より積み立てを重視した方がいい」と話す。区内の鍾乳洞を生かした観光など新たな収入源も模索している。

各区とも、基地返還後に向け準備する必要性は感じているというが、具体的な計画はまだこれからだ。

被害と経済のジレンマ

■分配軍用地料③

各区に入る軍用地料は手厚い区民サービスを可能にしてきた。しかし前金武町軍用地主会長の仲間政治町議は「基地のおかげで豊か」との見方に不快感を示す。「銃剣とブルドーザーで奪われた土地で、対等な契約ではない。基地があることで発展は阻害され、訓練や事件事故の被害を受けてきた」と指摘する。

実弾演習場と接する同町伊芸区は多大な基地被害を受けてきた。二〇〇八年十二月、民家に駐車していた車のナンバープレートに弾丸が撃ち込まれているのが見つかった。県警は弾丸を米軍のものと特定したが、米側は訓練との関連を否定。伊芸財産保全会は〇九年三月、抗議の意を込めて、米軍キャンプ・ハンセン内に所有する土地の一〇年度以降の契約を拒否することを決めた。その後も捜査は難航し県警は被疑者不詳のまま書類送検。那覇地検は不起訴処分とし、真相が解明されないまま捜査は終結した。

被弾事件に抗議した伊芸区民総決起大会
＝2009年３月１日、金武町の伊芸区グラウンド

伊芸財産保全会には契約拒否した所有地の地料約四千六百万円のほか、町が持つ軍用地の分配金約二億三千万円も入る。区への補助金は分配金から出すため、契約を拒否しても区の運営に影響はなかったが、財産保全会が積み立ててきた基金に回せる額が減った。

次第に会員の中から「いつまで拒否するのか」との声が上がり始める。財産保全会は一〇年十二月、契約拒否を解除することを決めた。だが、事件への怒りが収まったわけではない。山里哲男会長は「不起訴になったことは今でも納得できない」と語る。

同町並里区は現在、米軍ブルービーチ訓練場にある区有地の一二年度の契約更新を拒否している。同訓練場周辺の住民は、ヘリ発着による粉じんなどの被害を受けてきた。かつて住民の憩いの浜でもあり、同区は返還を訴えてきた。

並里区には同訓練場の地料が年間約二千五百万円入るが、与那城直也区長は「収入が減っても返してほしい」と話す。一方、キャンプ・ハンセンにある区有地については「一気に返されても公民館が維持できない。まずはブルービーチから」との立場だ。

キャンプ・ハンセンの接収時、住民は新たな基地の建設に反対していた。金武町が基地の歴史をまとめた本「金武町と基地」には、キャンプ・シュワブを受け入れた旧久志村に歓楽街ができにぎわう中、旧金武村と宜野座村も受け入れに傾いていく様子が記されている。キャンプ・ハンセンが建設されて五十四年。基地負担と経済効果のジレンマは今も変わらない。

経済活性化進まず

■嘉手納町①

嘉手納ロータリーを目指し国道五八号を進むと真新しいビルが姿を現す。数少ない〝島田懇の成功例〟と言われるロータリー一～三号館だ。嘉手納町では、ロータリー一号館を含めた市街地再開発事業、マルチメディアタウン事業、総合再生事業の三事業が沖縄米軍基地所在市町村活性化特別事業（通称・島田懇談会事業）として実施され、総額二一八億円が投入された。

目玉となったロータリー一号館は、地上六階建てのロータリープラザと沖縄防衛局と福岡入国管理局那覇支局嘉手納出張所が入居する建物の二施設から成る。町に支払われる賃貸料は年間一億六千万円超。島田懇事業で建てた県内の多くの箱モノが運営費さえ自力で捻出できない中、約八、三八二万円（二〇〇八年度）の純益を出し、町が自由に使える財源を生んでいる。

沖縄防衛局などが入居するロータリー１号館＝嘉手納町嘉手納

賃貸料などの財源や軍用地料、交付金などの多大な基地関連収入を背景に同町は福祉政策に力を入れる。

県内初となった後期高齢者医療制度の保険料の一部助成や給食費の完全無料化など、同町は〇九年度から福祉分野で二十件を超える新規事業を実施し、約一億六千万円の予算を投下してきた。事業費の一部は島田懇事業でもたらされた賃貸料を充当し、町の財政を圧迫しない仕組みをつくった。

島田懇事業終了当時、福祉部長だった神山吉朗副町長は「嘉手納町は他の自治体と比べ手厚い福祉サービスを提供している」と語る。

福祉政策の充実が図られる一方で、島田懇事業の目的である地域経済の活性化はいまだ手付かずのままだ。人件費など義務的経費の割合で財政の弾力性を示す経常収支比率は、〇九年度が七六％と県平均を十二ポイント下回り、一定の健全性を確保するが、歳入に占める基地関連収入の割合、いわゆる「基地依存度」は島田懇事業期間を除いても三〇％前後で推移。県内でも恩納、宜野座両村に続き高い。

基地依存から脱却できないのには理由がある。町面積の八三％を基地が占め、企業進出や住民の定住化促進に限界があるためだ。町人口も一万四千人前後で頭打ち。當山宏町長は「嘉手納町は何をやるにも土地がなく、何かを壊さないと開発もできない」と話す。

わずかな土地を最大限に生かし、国の出先を入居させて安定収入を確保する苦肉の策がロータリー一号館だった。「防衛局の移転など島田懇事業が生み出す利益によって活性化につながる要素はできた」。當山町長は今後に自信を見せる。

〝騒音苦〟で国有地増

■嘉手納町②

嘉手納基地の滑走路からほど近い嘉手納町屋良を歩くと、住宅地の所々に小さな緑地帯を見掛ける。基地の騒音を苦にして、生まれ育った古里を離れた住民の屋敷跡だ。

沖縄防衛局は一九七五年度から「防衛施設周辺の生活環境の整備等に関する法律」（基地周辺整備法）第五条に基づき、基地周辺で特に騒音が激しい地域（W値＝うるささ指数九〇以上）を対象に土地と建物を買い上げてきた。

嘉手納町では屋良地区と兼久地区の一部が対象地域で、一〇年度までに七十件の建物と一万七、九七八平方メートルの土地が買い上げられ、国有地化された。基地周辺整備法で国有地化された土地は町面積（一五・〇四平方キロメートル）の〇・一一％。基地を除いた住民居住地（二・六四平方キロメートル）の〇・六八％を占める。

買い上げられた土地は同法第七条により無償で土地を借り受けた自治体がゲートボール

沖縄防衛局によって買い上げられ、緑地化された国有地＝嘉手納町屋良

場や駐車場などに整備できるが、ほとんどの場合は活用されず、同法第六条に基づき緑地帯となっている。

買い上げ用地の国有地化は基地被害に苦しむ住民の要望に応える側面を持つ一方、地域活性化を阻害する大きな要因となっている。住民が町を離れたことで本来入るはずの住民税や固定資産税などの税金も減少する。土地は虫食い状に点在し、効果的な活用法を見いだすのは難しい。當山宏町長は「町のまちづくり、市街地の整備などに影響が出る」と懸念する。問題の根っこにある騒音問題も改善の兆しはなく、国有地が減少する見込みは薄い。

国有地の増加に歯止めがかからない一方、昼間人口は増加傾向だ。二〇〇〇年に一万五、二三〇人だった昼間人口は〇五年に一万五、四四五人と約二百人増加した。一方、夜間人口は二〇〇〇年度の一万三、六六一人に対し〇五年は一万三、六二三人と三十八人減少した。

夜間人口に対する昼間人口の割合を示す昼夜間人口比率は一一三・四％で恩納村、西原町に続き、県内で三番目に高い。加えて、最近では沖縄米軍基地所在市町村活性化特別事業（通称・島田懇談会事業）により、沖縄防衛局などの公共施設や多数の企業が立地しているため、昼間人口が加速度的に増加している。神山吉朗副町長は「嘉手納はもともと商業のまち。島田懇事業などで増えた昼間人口をいかに地域活性化につなげるかが大事だ」と指摘する。

増える国有地と昼間人口。町に住む人たちの増加、定住化が活性化のカギを握る。

「後続」白紙、波及見えず

■沖縄市の再開発

沖縄市の国道三三〇号胡屋交差点から米空軍嘉手納基地第二ゲートへ延びるコザゲート通り。通り裏手の中の町地区には老朽化した住居や店舗が密集する。基盤整備が遅れ、中心市街地の衰退を象徴する地区となっており、再開発は長年の市の課題だった。

この地区の一角、胡屋交差点に接する面積一・一ヘクタールを取り壊し、二〇〇七年、ライブホールを備えた「音市場」に、飲食店などが入居する商業施設が併設されたコザ・ミュージックタウンが完成した。沖縄市はこの再開発事業に中心市街地の再生を託した。活性化のテーマは地域資源を生かした全国でも例のない「音楽によるまちづくり」だ。

施設建設の総事業費は約七十一億円、施行は独立行政法人「都市再生機構」が担った。市は音市場と駐車場など施設の一部の買い取り費用三十一億円を基地所在市町村活性化特別事業（通称・島田懇談会事業）で賄った。当時の市企画課長で再開発に携わった島袋芳

音楽によるまちづくりを目指す沖縄市の中核施設「コザ・ミュージックタウン」＝沖縄市上地

敬副市長は「島田懇がなかったら、再開発はできなかった」と振り返る。

というのも市が九二年にまとめた「中の町AB地区市街地再開発事業基本調査」はホテルやバスターミナルを誘致するというバブル期の青写真を描いたもの。約三五〇億円に上る高額な事業費のめどもなく、計画はバブル崩壊とともに行き詰まっていたからだ。

今回、島田懇事業を活用して再開発したのは一・一ヘクタールのみ。三・三ヘクタールの未着手部分が残されている。〇八年の内閣府の島田懇事業実績調査書では「音市場のみでは規模が小さく周辺地域を含めた波及効果が現れていない」とし、後続地区の開発を進め、スケールメリットを出す必要性を指摘する。

後続地区の再開発について島袋副市長は「うまい財源が見つかっていない」と語る。財源確保の厳しさから再開発は白紙状態が続く。

市は音市場や音楽広場、駐車場の管理・運営に〇七年から年間四千五百〜五千四百万円を支出する。市民向けに利用料を下げたり、時間貸しをすることで施設の稼働率は年々上がり、一〇年度は五二・九％に達した。〇九年度決算では収支が初めて黒字に転換した。

「将来は独立採算制で運営するのが市の考えだ」。市担当者は言い切る。だが市からの管理料がなければ、運営が難しいのが現状。独立採算制へのめども立っていない。期待された商店街への波及効果もまだ見えない。

基地被害に見合わぬ額

■九条交付金①

基地所在市町村に支出される国からの交付金で「防衛施設周辺の生活環境の整備に関する法律」に基づき支出され、直接、間接的な基地被害対策という性格を持つのが特定防衛施設周辺整備調整交付金（いわゆる九条交付金）だ。

九条交付金は予算全体の七割程度を、基地面積や市町村の人口に、基地の訓練度合いや騒音回数などに応じた「運用点数」を加味した計算式で算定する。基地の面積が大きく、周辺人口が過密で、基地の訓練や飛行場の離着陸回数が多いほど、交付金は増えるという考え方だ。

ところが残り三割は防衛大臣の裁量や基地負担の受け入れによる「特別交付額」で加味される。そのため基地の実態と交付額が必ずしも一致しないという不公平感が生まれる。

九条交付金の在り方に異議を唱えているのが宜野湾市だ。宜野湾市には普天間飛行場と

９条交付金配分額

年度決算額、単位：百万円

年度	2006	2007	2008	2009	2010	基地面積(ha)
沖縄市	490	465	480	467	483	1,689
読谷村	164	152	151	155	163	1,259
嘉手納町	420	435	430	452	358	1,240
北谷町	408	369	281	159	478	728
名護市	637	314	74	148	144	2,334
恩納村	89	81	78	103	97	1,495
宜野座村	123	107	116	117	119	1,586
金武町	121	129	135	136	138	2,244
伊江村	417	286	436	217	406	801
久米島町	49	31	32	32	2	4
渡名喜村	34	75	53	59	22	24
那覇市	51	48	47	48	49	56
うるま市	206	98	189	126	217	618
宜野湾市	60	60	59	52	69	637
浦添市	588	69	67	56	57	273
北中城村	131	131	41	41	42	210
合計	3,989	2,850	2,670	2,367	2,845	

※米軍基地面積は2010年度末現在。小数点以下切り捨て。

キャンプ瑞慶覧の一部があり、合計面積六三七ヘクタール。市面積の約三分の一が基地で占められている。

普天間飛行場は第三一海兵遠征部隊（31ＭＥＵ）のホームベースで、ヘリコプター部隊を中心に運用され、年間の騒音発生回数は市大謝名で一万回を超える。

二〇〇四年には隣接する沖縄国際大学にＣＨ53Ｄヘリが墜落するなど、基地から発生する騒音や危険性は大きい。

しかし、宜野湾市の過去五年の交付額平均は六千万円。基地面積が三分の一程度の浦添市の一億六、七〇〇万円や北中城村の七千七百万円よりも低い。浦添市の牧港補給地区は主に物資の貯蔵・管理、北中城村のキャンプ瑞慶覧は主に司令部と米軍人住宅で、騒音や危険性などは、宜野湾市に比べると低い。基地面積が同程度のうるま市の一億六、七〇〇万円と比較しても、少ない。

理由の一つに沖縄防衛局は、普天間飛行場が防衛大臣が指定する「ジェット機が離着陸する飛行場」ではないからだと説明する。指定されれば、飛行回数やうるささ指数七五以上の人口に応じて係数が上がり、交付額は上がるが、普天間では係数は全く掛からない。

しかし、普天間では嘉手納基地所属のP3C哨戒機に加え、米海兵隊岩国基地から飛来するFA18戦闘攻撃機などの外来機が訓練や旋回飛行を繰り返し、嘉手納基地を補完する飛行場としての機能も際立つ。市は「九条交付金は普天間飛行場の実態に合っていない」と批判する。

「配分ルール明確化を」

■九条交付金②

基地を持つ市町村に支出される特定防衛施設周辺整備調整交付金（いわゆる九条交付金）が二〇一一年四月からソフト事業にも使えるようになり、市町村担当者の間で話題になった。同交付金は昨年度まで教育文化施設や交通施設などの建設費が対象だが、事業は十割補助で市町村にとって使い勝手の良い予算だった。

九条交付金はもともと、直接的、間接的な基地被害への対策という性格を持っていた。しかし九条交付金の中に特別交付額としてＳＡＣＯ交付金が入り、基地負担増加への見返りという性格が強まってきた。

日米特別行動委員会（ＳＡＣＯ）最終報告で、在沖米軍基地の整理縮小に向け、米軍施設や訓練の移設先となった市町村に対する財政措置として九六年度補正予算からＳＡＣＯ交付金が創設された。

FA18などジェット機離着陸も多いが、9条交付金で「ジェット機の離着陸する飛行場」に指定されていない普天間飛行場＝2011年5月

県内十六市町村に配分された九条交付金の総額は九二〜九八年度までは十八〜二十一億円程度で推移するが、九九年度から上昇し、〇二年度には四十九億一千万円でピークとなる。

浦添市は年間五〜六千万円程度だったが、SACO最終報告の那覇港湾施設の移設を受け入れたことの「特別交付額」が付き、〇二年度は八億三千万円と急増し、〇六年度までの五年間の平均額は五億一千万円となった。しかし、〇六年に米軍再編ロードマップ(行程表)で嘉手納より南の基地の返還が示されると、SACO以前と同じ規模に戻った。

北中城村もＳＡＣＯで住宅統合の対象となり、九八年度の三千七百万円から九九年度は三億七〇〇〇万円と約八倍に増えた。しかし〇八年度からは四千万円台となった。

しかし宜野湾市の場合は過去十八年間で最高は八千万円でほぼ五～六千万円台だ。普天間飛行場が防衛大臣が指定する「ジェット機が離着陸する飛行場」ではなく、ＳＡＣＯ最終報告で負担が増す対象ではないからだ。

宜野湾市の安里猛市長は「九条交付金は基地の実態を反映していない」と批判する。「普天間飛行場はヘリだけでなく、外来機のジェット機も頻繁に離着陸する。騒音は激しいし、世界で最も危険な飛行場といわれるほどで、住民の基地負担は計り知れない」と述べ「対象施設の指定や配分ルールが不明確で〝国のさじ加減〟次第と思われる。基地被害に見合った配分ルールが必要だ」と指摘する。

西海岸に活路求める

■浦添市①

浦添市の市域面積の一四・四%を占める米軍牧港補給地区（キャンプ・キンザー）。東シナ海に臨む南北三キロ、東西一キロに及ぶ二七四ヘクタールの基地は、長年、市の街づくりの大きな障害となってきた。

急速な市街化が進む中、国道五八号の交通渋滞解消を図る幹線道路の整備や産業振興に向けて、市が活路を求めたのは、キンザー後背地の西海岸の埋め立てだった。

西海岸開発は一九八七年の第二次浦添市基本構想を端緒に、その後具体的な進展がなかったが、〇八年八月に日米合同委員会が提供保安水域の全面返還に合意したことで一気に加速。一〇年十二月には第一ステージの埋め立て工事が完了。一八・三ヘクタールの新しい土地が「西洲三丁目」として生まれた。

「企業誘致で千人の雇用が期待できる。道路が完成すれば、那覇空港から沖縄コンベン

浦添市の西海岸開発で埋め立てで造成された土地。臨港道路建設などが予定される＝2011年６月、浦添市西洲

ションセンターまでの所要時間が約二十分間短縮される効果も見込まれる。キンザーの跡地利用との一体化でメリットはものすごく大きい」。市西海岸開発課の上原正規課長は胸を張る。

一八・三ヘクタールのうち、道路用地四・五ヘクタールは国に売却し、本島西海岸道路の一部となる臨港道路が建設されるほか、九・六ヘクタールは都市機能用地として、上下水道や電線地中化などの整備を進め、一二年度に売却開始予定だ。商業施設やホテルの進出に期待し、一四年度の臨港道路開通で、新たな産業振興の拠点が生まれることを見込んでいる。

構想から二十年余の時を経てようやく動き出した西海岸開発に、影を落とすのが厳しい経済情勢とキンザーの返還だ。市が〇九年に実施した企業意向調査では、リーマン・ショック以降の不動産投資環境の悪化や観光需要の陰りを背景に、〇七年度調査より進出意欲は弱まる傾向にあった。東日本大震災の影響もあり、景気好転の兆しはまだ見えない状況だ。

市が求めるキンザーの早期単独返還についても、日米両政府は米軍再編に定められた普天間飛行場移設と海兵隊グアム移転、嘉手納より南の基地返還のパッケージ見直しには否定的で、当初予定の一四年よりずれ込むのは必至だ。

「跡地利用と西海岸開発が一体化すれば、那覇新都心よりも経済波及効果を生み、世界も注目するくらいの地域になるはずだ」と上原課長。新しい街づくりの青写真を描く市に、基地問題をめぐる政治の足かせが重くのし掛かる。

開発と返還にジレンマ

■浦添市②

浦添商工会議所（湧川善充会頭）は二〇一一年度重点事業の政策提言・要請活動の中に、①那覇港湾を中心とした国際物流拠点の形成、②浦添市西海岸開発の推進、③米軍牧港補給地区（キャンプ・キンザー）返還跡地利用の促進、④沖縄都市モノレール利用促進―の四項目を掲げた。

浦崎勝専務理事は「西海岸開発はキンザーの跡地利用も含めた総合開発。浦添だけでなく、県経済へ与えるインパクトは大きい」と指摘。経済界も市と連携した開発推進に取り組む。

開発計画で、ホテル誘致は一つの課題だ。市内は一定規模のホテルがなく、法人の宴会や市民の婚礼も市外へ流れる。毎年キャンプに訪れるプロ野球東京ヤクルトスワローズの宿泊先も那覇市内だ。西海岸にホテルが立地すれば、市民のニーズにも合致し、リゾート形成、観光客誘致につながると関係者は期待する。

市が一〇年十一月に実施したホテル事業者等へのアンケートでは、県内外二十七社のうち、一四・八％（四社）が西海岸へのホテル進出や事業展開の「可能性はある」、二九・六％（八社）が「周辺の開発状況によっては可能性がある」と回答。インフラや設備条件にビーチやマリーナが挙がった。

リゾート形成のため、市は第二ステージの埋め立てで新たに交流厚生用地二〇・七ヘクタールを造成する考えだ。隣接地には那覇港管理組合が緑地を造り、ビーチやマリーナを整備する計画があるが、その埋め立て地の先に、那覇港湾施設（那覇軍港）の移設が予定される。

防衛省は米軍再編経費として、一一年度予算に那覇軍港移設の環境影響評価（アセスメント）費用を計上。市も第二ステージ推進のため「同じ海域の埋め立てで一緒にやった方が効果的」（市企画課）と、防衛省、那覇港管理組合と共にアセスに着手する考えで、那覇軍港移設が動き始める。

市は既に、西海岸開発に伴う米軍提供保安水域の解除のため、米側が条件として求めたキンザー内の退役軍人用施設（ベテランズクラブ）を移設。八月にも完成する。西海岸開発の事業主体・市土地開発公社が建設費六千七百万円を土地の売却費用で充てる予定だが、市が返還を求める基地内に新たな施設を建設するジレンマが残る。

開発を進めるために、新たな米軍関係施設が付随する構造。浦添市の産業振興のために始まった西海岸開発が米軍や日米両政府の意向に左右され、新たな軍事施設に変わっては市民も納得しない。

ごみ処理、町民が負担

■北谷の〝幽霊人口〟

北谷町砂辺の馬場公園。白い砂浜が美しい海岸やスケートボードの練習場などを備え、休日には多くの外国人でにぎわう。砂辺周辺に住む米軍人・軍属とその家族だ。

防衛省の調べでは、北谷町の米軍人・軍属の基地外居住者は二〇一〇年三月末現在で三、四四一人。人数は横須賀市（神奈川県）の四、二五九人に次いで多く、人口に占める割合は一二・五％と全国一だ。

この基地外に住む軍人・軍属と家族は自治体に居住の届け出をする義務はない。日米地位協定で米軍人・軍属の住民税は免除され、自動車税なども軽減される。

〇八年に基地外居住の米兵による女子中学生暴行事件が起こるまで、日米両政府は県内で基地外居住者が何人いるかも明らかにしなかった。

しかし北谷町では以前から町内に住む米軍人・軍属らのごみ処理費用や違法駐車などが問題になっていた。二万七千人の町に、住民税は払わないが、居住に伴う行政サービスを受ける〝幽霊人口〟が約一二％共存することが町にさまざまなひずみを生んでいる。

北谷町は沖縄市、宜野湾市との三市町で倉浜衛生施設組合を設置し、ごみ処理とし尿処理をしているが、住民税を払わない基地外居住者の分も、町民が支払う税金で賄っている。倉浜衛生施設組合の収入は三市町が支払う負担金だ。負担金はごみの搬入量と人口によって決められるため、ごみの量が多いほど多くの負担金を支払うことになる。

基地外居住者の推移と人口比

	2008年	2009年	2010年	人口	10年人口比
北谷町	3,223	3,474	3,441	27,340	12.5%
読谷村	1,881	1,536	1,644	39,522	4.2%
沖縄市	3,081	3,076	3,432	134,555	2.5%
おいらせ町	1,108	1,374	1,560	25,075	6.2%
三沢市	1,587	1,753	1,573	42,226	3.7%
横須賀市	3,532	3,532	4,259	418,047	1.0%
佐世保市	1,809	2,127	2,127	261,041	0.8%

※おいらせ町・三沢市（青森県）、横須賀市（神奈川県）、佐世保市（長崎県）

北谷町が搬入するごみの総量は年間一万五七七トンで、倉浜衛生施設組合に支払うごみ処理費用は一億八、〇七〇万円。このうち約六九五トンを基地外居住の軍人・軍属と家族が排出していると町は推計しており、その処理費用は少なくとも約二〇四万円、し尿処理費は約九十五万円と見積もられる。

さらに住民登録のない基地外居住者の存在は、東日本大震災を契機に注目された防災計画などの街づくりに支障が出るとの懸念も浮上している。

北谷町の野国昌春町長は「米軍人・軍属は軽自動車税が軽減され、市町村税がマイナスになっているし、ごみ処理だけでなく上下水道の整備費などもかかってしまう。町にとっては過重負担だ」と指摘する。「日米地位協定の抜本的改定をして、米兵の事件事故防止はもちろん、行政サービス費用の負担を求めたい」と話した。

基地の〝アメ〟地域翻弄

■国頭村安波

国頭村の東海岸に位置する安波区。沖縄の原風景を思わせる静かな集落に二〇一一年五月、米軍普天間飛行場の移設話が突如持ち上がり、住民をはじめ村内に激震が走った。

計画は集落の南に位置する農振地域に二千五百メートルの滑走路を建設し、自衛隊や民間機が相乗りする飛行場を造るというもの。誘致派は条件として東村から国頭村の東海岸、辺土名までをつなぐ高速道路の建設や飛行場用地の地主への地料支払い、各世帯への生活保証金の支給、若者の雇用確保—などを掲げた。

戦後、六百人以上いた安波区の人口は一七二人まで減少。地域の衰退、過疎化に歯止めがかからない現状への危機感は区民共通だった。誘致派の区民は、北部振興策などで総合型地域スポーツ施設や道路など多くのインフラが整備された村の西側に比べ、東側は取り残されていると主張する。

普天間飛行場の移設話が持ち上がっている国頭村安波の農振地域
＝2011年６月、国頭村安波

同案を推進する上原康作前国頭村長は「農家は厳しい状況で若者の就農者がいない。一人住まいの老人は増え、空き家も増えた。地域が存続できるのかという危機感がある」と推進の理由を説明する。

一方で地域振興策として基地誘致を求めることに疑問の声も上がる。移設案に反対する区民の男性（四四）は「非現実的な話。区の説明も一方的で十分でもない。金に踊らされているだけだ」と吐き捨てた。

安波案が浮上した背景に、同案を日米両政府の関係者に伝えた国民新党の下地幹郎幹事長をはじめ、高速道路延伸を持論とし推進派のアドバイザーを務める前東村長の宮城茂氏、下地氏に近く、区民総会で安波案のメリットを説いた元県議の比嘉勝秀氏の関わりがあることも、小さな集落の意思を越えた政治的な意図が働いているように映る。

誘致派の中心メンバーは六月二十一日の日米安全保障協議委員会に同案を挙げることを目指し、区民への調整を進めてきたが、結局議題にはならなかった。北沢俊美防衛相をはじめ、外務、防衛両省の幹部も安波案にまともに取り合っておらず、実現性はゼロに近い。

宮城馨国頭村長は「普天間飛行場の安波地区への移転については村は断固反対。（賛成反対で）集落を二分し、集落運営に大きな危惧を残している」と反対姿勢を示し、下地氏らにも同案を推進しないよう求めた。

普天間移設問題が混迷を深める中、出現した安波案は、基地による振興というアメが地域を容易に翻弄《ほんろう》し得る現実を浮き彫りにした。

補償要求、足並み乱れ

■基地のない市町村

「米軍基地の存在に脅かされているのは基地がある市町村だけとは限らない」。

二〇一〇年十二月二十二日、首相官邸。米軍基地の所在しない市町村連絡協議会の城間俊安会長（南風原町長）ら五市町村長が福山哲郎、滝野欣弥の両官房副長官を前に、米軍機騒音や米兵の事件事故などの被害を訴え、基地所在市町村と同様に関連交付金や振興策など財政措置を行うよう求めた。

同協議会は一〇年十月に豊見城、南風原、与那原、西原、中城の五市町村長で発足した。これまで声を上げてこなかった首長らが、被害は全県的な問題として行動を起こした。

「沖縄に基地があると言うより、基地の中に沖縄がある。米軍機の墜落事故はどこで起きてもおかしくないし、騒音もある」。浜田京介中城村長は強調する。

米軍ヘリ沖国大墜落事故を受け、日米両政府は〇七年、普天間飛行場のヘリの場周経路変更を合意した。新たに設定された米軍ヘリのルートは人口密集地の沖国大近辺を避け、琉大上空を通過して中城村久場崎漁港と津覇漁港から海上に抜ける。変更後、村民からの米軍機騒音苦情が増えた。沖縄防衛局による〇八年十一月の調査では六〇デシベル以上の騒音が同村登又で二四八回、南上原で二九八回観測された。

被害に対する財政措置を求める背景には、基地に隣接しながら基地被害補償の外にいた市町村の不満とともに、厳しい財政事情が見え隠れする。

基地のある市町村は軍用地料などの自主財源や基地関連の交付金などの財政措置があり、財政指標の上位には基地所在市町村が並ぶ。浜田村長は「アメという認識ではなく、基地被害に対しては補償を求めていく」と述べ、騒音など被害の補償として財政措置が必要だと主張する。

一方で、国からの財政支援は基地依存につながると警戒する自治体もある。上間明西原町長は「北部振興策を見ても分かるように、基地と引き換えの振興策では自立は遠のく。基地返還も同時に考える必要がある」と述べ、被害補償の要求が〝基地受け入れの見返り〟とみなされることに抵抗感を示す。

米軍機による騒音被害を受けていると発足した米軍基地の所在しない市町村連絡協議会＝2010年10月、県庁

同協議会の今後の活動内容などはまだ決まっていない。再編交付金にみられるように振興策が基地受け入れを条件としたものに変わる中、「補償イコール基地受け入れ」の構図に対する懸念もあり、自治体間の足並みはそろわない。

■交付金、固定資産税の半分以下

米軍や自衛隊施設を抱える県内の自治体に配分される固定資産税の代わりの財源となる「国有提供施設等所在市町村助成交付金」(基地交付金)が、同税相当額の五割に満たないことが分かった。沖縄市がまとめた比較表によると、同税相当額と県内二十三市町村に配分された一〇年度基地交付金との差額は二十八億二、六〇九万円に上った。

県基地交付金関係市町村連絡会（会長・儀武剛金武町長）は、国に基地交付金と米軍資産を基に交付される施設等所在市町村調整交付金の増額を求めている。

基地交付金が固定資産税相当額を下回った自治体は二十三市町村のうち十七。沖縄市のまとめでは総務省が出す資産価格に標準税率の一・四％を乗じた額を同税相当額とした。差額が最も大きかったのは金武町の五億一、二六七万円、続いて北谷町の四億一、五九三万円、沖縄市の三億七、四八五万円、那覇市の三億一、九一八万円だった。上回ったのは宜野座村など六市町村。〇九年度の差額は二十七億三、七九七万円だった。

基地交付金は予算総額の十分の七を対象の資産価格で案分し、十分の三を市町村の財政状況などを考慮して総務大臣が配分する。予算総額は八九年以降三年ごとに増額されているものの、固定資産税相当額と懸け離れている現状から、全国の基地所在市町村から不満の声が上がっている。

総務省は基地所在市町村に対し、一〇年度は二六七億四千万円を交付。うち県内分は二十六億二、二五六万一千円だった。

県税六・八億円減収

■Yナンバー車税

「ただでさえ県税収入の少ない沖縄で、年間約七億円程度の税収が入ってこないのは大きなマイナス。Yナンバーは県民の一般車両と同じように県道を使っているのに、県民から見ると不公平感は大きい」。又吉進知事公室長は話す。

県内で多く見掛けるYナンバー車両。米軍人・軍属とその家族が乗る私有車両で、県内では約二万四千台（二〇一一年四月一日時点）が登録されている。県が問題視しているのは日米地位協定でYナンバー車の自動車税が減免されていることだ。

県民一般の乗用車にかかる自動車税は総排気量一リットル以下の乗用車で二万九、五〇〇～五万一千円だが、Yナンバーの場合は七千五百円と、一般車のおよそ四分の一から七分の一程度と低い。軽自動車は七千二百円に対し五百円、自動二輪は一般車の千～四千円が一律千円と減免されている。

自動車税額

(円)

排気量(ﾘｯﾄﾙ)		Yナンバー	一般車
乗用車	1以下	7,500	29,500
	1～1.5以下		34,500
	1.5～2以下		39,500
	2～2.5以下		45,000
	2.5～3以下		51,000
軽自動車		500	7,200
自動二輪		1,000	1,000～4,000

Yナンバー乗用車一台当たりの税額は九九年まではわずか三千円だった。それに比べて引き上げられたとはいえ、県民が払う税額に比べ厚遇されている。

自動車にかかる税は乗用車が県に、軽自動車と自動二輪の分が市町村に入り、自治体にとっては貴重な財源だ。その減免措置は直接、税収のダウンにつながる。

県基地対策課のまとめでは、一一年四月一日現在の県内のYナンバー登録台数に民間車両と同じ税率の自動車税を課すと、年間約六億七、八〇〇万円の増収となる。

つまり、Yナンバーに一般県民と同額を課税できないことで、六億七、八〇〇万円の税収を失っていることになる。沖縄県の県税収入は約八六二億円(一一年度当初予算)。失った税収は県税収入の約〇・八%に当たる。しかも税収の損失を補充する交付税措置などは少ない。県は貴重な自主財源が失われていると主張する。

米軍私有車両への民間並み課税は、基地を抱える都道県でつくる渉外知事会でも共通の課題。沖縄県も二〇〇〇年から地位協定の改定を求める十一項目の中にYナンバーの税額改定を盛り込み、民間車両と同税率にするよう要求している。しかし渉外知事会の要請に対し政府は「駐留する米軍兵士の税の優遇は、NATO諸国と同等の措置」とする姿勢を続けている。

地位協定のために、こぼれ落ちている税収が目に見えない財政的損失を生んでいる。

米中枢テロで大打撃

■振り回される観光業

「キャンセルが相次ぎ、このままではホテルを閉めるしかないと思った」。

県ホテル旅館生活衛生同業組合の宮里一郎理事長は二〇〇一年九月十一日に発生した米

中枢同時テロ後、自身に降り掛かった状況を厳しい表情で振り返る。テロは約一万二千キロ先の米国で起きたが、米軍基地が集中している沖縄は「基地イコール危険」との風評が急速に広がった。特に修学旅行のキャンセルの動きは顕著だった。新潟、神奈川両県の教育委員会は各高校に沖縄を名指しして注意を呼び掛ける通知をした。宮里理事長が経営する沖縄ホテルもテロ発生十日後あたりから、新潟県内の高校を皮切りに宿泊予約取り消しが相次いだ。宿泊者の九割を修学旅行が占める同ホテルはたちまち存続の危機に陥った。

「どこに怒りをぶつけていいのか分からなかった。基地があるからだが、基地で食べている人もいて、複雑な思いもあった」。集中する米軍基地が突き付ける現実を思い知らされた。

観光客の激減にさらされた観光業界は、宿泊料金の値下げなど価格競争に陥った。〇一年の観光客一人当たりの県内消費額は前年比で八・八%減の七万六千円と復帰後六番目に低い額となった。十五年前までは十万円だった東京からの沖縄パックツアーはテロ以降、三万〜五万円まで下落し、今も持ち直しの動きは鈍い。

米中枢同時テロによる観光客の落ち込みを食い止めようと開かれた「安全・快適－沖縄観光」宣言大会＝2001年10月、那覇市

県は初めて対策班を設置し、誘客イベントを展開した。対策班発足に関わった県文化観光スポーツ部の下地芳郎観光政策統括監は「まさか、テロによって観光客が落ち込むなんて予想だにしなかった」と話した。

結局、〇一年の入域観光客数はＮＨＫのドラマ「ちゅらさん」の大ヒットの波に乗っていたが、テロで前年比一・九％減の四四三万三、四〇〇人に落ち込んだ。順調に推移していた修学旅行入込実績も初めて前年度を割り込み、一、〇九一校、二十万六、八六四人に。修学旅行をキャンセルした学校は八七九校（約二十万人）に上った。

テロは沖縄観光を直撃し、県経済全体に深刻な打撃を与えた。観光客数が戻った現在も、旅行商品の低価格化に歯止めはかからず、業界を苦しめている。

さらに軍事拠点だという沖縄の負の側面を表面化させ、平和産業としての観光と基地が共存している危うさを明確にした。県の基幹産業は米国の情勢という外的要因によって簡単に左右される状況に置かれている。

第3部

跡地を歩く

移設と引き換え、最後の島田懇事業に

広大な米軍基地跡地の開発は沖縄経済発展の鍵となるが、これまで返還された跡地は土壌汚染や不発弾、地権者の合意形成の遅れなどで、地主の不利益だけでなく地域全体の発展を阻害する〝ひずみ〟を生んできた。二〇一一年度末で期限切れとなる沖縄県駐留軍用地返還特別措置法（軍転特措法）、沖縄振興特別措置法（沖振法）に代わり、県は新たな跡地利用推進法（仮称）の制定を政府に求め、課題解決に乗り出す。第3部は県内の基地跡地を歩き、現行制度の欠陥や跡地開発の課題を浮き彫りにする。

■ギンバル訓練場①

六十ヘクタールの森の中に古びた消火訓練施設がたたずみ、海岸の岩場に波が打ち寄せる。二〇一一年七月に返還される金武町金武の米軍ギンバル訓練場は人けもなく静まりかえっている。

返還が迫る米軍ギンバル訓練場（中央手前）。左手前は米軍ブルービーチ訓練場＝2011年5月、金武町金武

町は、この訓練場跡地で医療施設や人工ビーチの整備、ホテル誘致などを計画している。総事業費は一五〇億円。「地域医療施設」とリハビリ関係三施設の整備費七十五億円は、沖縄米軍基地所在市町村活性化特別事業（島田懇談会事業）を活用する。九七年度に始まった島田懇事業の最後の事業となる。

同訓練場は五七年から米海兵隊のヘリコプターの離着陸訓練や空砲による野戦演習に使用されていた。日米両政府は九六年のＳＡＣＯ（日米特別行動委員会）最終報告で、九七年度末までをめどとした返還に合意。だが、条件の一つである米軍ブルービーチ訓練場へのヘリパッド移設に地元並里区が強く反発し、返還は進まなかった。

島田懇事業の期限とされていた〇七年度、町は各区で跡地利用とヘリパッド移設に関する説明会を開くと同時に、政府

に対する島田懇事業継続の要請を進めた。跡地利用の事業費一五〇億円は、年間七十～百億円程度の町の歳入を大きく上回る。島田懇事業は国の補助率が九～十割と高く、市町村負担分も地方交付税で措置されることになっている。自治体にとっては自らの負担を低く抑えつつ、自由度の高い事業ができる。町側には、跡地利用に島田懇事業を活用したいという強い思いがあった。

政府は〇七年六月八日付の文書で「返還のめどが立ち、具体的な事業計画が策定されることを前提に」島田懇事業の継続を約束。儀武剛町長は同月十二日に開かれた町議会で移設受け入れを正式に表明した。島田懇事業を活用し跡地利用を進めるため、基地負担を受け入れた格好だ。

日米両政府は〇八年一月、日米合同委員会で同訓練場の返還に合意。並里区議会も同年六月、訓練場内の区有地を町に売却することを決め、移設を事実上容認した。ＳＡＣＯ合意から既に十年以上が経過していた。

同訓練場では島田懇事業を活用できたが、伊芸達博副町長は、将来ほかの基地が返還される可能性を見据え「現行の沖振法、軍転特措法に代わる新たな法律では、国が責任を持って跡地の開発・整備をするべきだ」と訴える。

国は軍転特措法に基づき、返還に伴い軍用地料がなくなる地主に、最長三年間の返還給付金を支給する。町など同訓練場の地主も返還給付金を受けられるが、沖振法に基づき市街地に隣接する三百ヘクタール以上の跡地を対象にした「大規模跡地給付金」は支給されない。返還が合意された基地で同給付金の要件を満たすのは普天間飛行場だけだ。

伊芸副町長は「返還と同時に開発に入るギンバル訓練場の場合、特に問題はない」とした上で、残りの基地の返還を想定し「新制度では面積要件を撤廃してほしい」と求めた。

ホテル誘致が成否の鍵

■ギンバル訓練場②

米軍ギンバル訓練場の跡地利用について、金武町は医療ツーリズムによる開発を決めた。面積の六割を基地が占める同町には、公有地と民有地合わせて三十六億円の軍用地料が入るが、雇用の場の少なさが課題だ。町にとって、ギンバル訓練場跡地の開発は基地依存経済から脱却できるかの試金石となる。

跡地利用は、地主会や企業が積極的に関与する中南部と異なり、町が主導する。儀武剛町長は「人口集中地域には大型スーパーがどんどん進出するが、北部ではそうはいかない。逆に手付かずの自然を生かして癒やしの場をつくる」と説明する。

跡地に造る施設は公設民営、民設民営、公設公営の三種類がある。がん検診や放射線治療を行う「地域医療施設」とリハビリ関係三施設は町が建設し、指定管理者が運営する公設民営となる。地域医療施設は、県内唯一となる最先端の放射線治療装置を導入する計画

ギンバル訓練場の跡地利用イメージ図

だ。四施設の事業費は計七十五億円で、米軍基地所在市町村活性化特別事業（島田懇談会事業）を活用。二〇一四年四月に開所する予定だ。

公設公営の多目的グラウンドや人工ビーチなどは、島田懇以外の補助事業で整備する予定。民設民営のホテルは数社が進出を検討しているという。ホテルを除いた跡地利用全体の事業費は一五〇億円に上る。

町は、最新の医療設備を目玉に町内外から患者や受診者を集め、ホテルや同訓練場に隣接する自然体験学習施設「ネイチャーみらい館」などと一体となった運用を目指している。ネイチャーみらい館も、島田懇事業で九億三千万円を掛けて整備した施設だ。

同訓練場は、六十ヘクタールのほとんどが並里区と個人地主の土地だった。町は当初、二十七億八千万円で五十六ヘクタールを購入する計画だった。だが、地主との交渉で購入額が上がり三十六ヘクタールしか取得できなかった。残った並里区有地二十ヘクタールは、地主会の要望で賃貸となり、町は年間三千万円の借地料を払うことになった。

町議会には「借地料が財政負担になる」と懸念する声もあるが、町は跡地利用で七千七百万円の税収増と二三八人の雇用を見込む。七千七百万円の内訳はホテルの固定資産税五千七百万円が最も多く、雇用者二三八人の住民税千七百万円、法人税三百万円となっており、ホテル誘致が跡地利用の鍵を握ると言える。

雇用面でも、二三八人のうちホテルが百人と最多。医療・リハビリ関係四施設で雇用する一三八人の半数以上は、資格が必要か、もしくは資格を持つ人が有利な職種で、町民をどの程度雇用できるか未知数の部分もある。儀武町長は町議会六月定例会で「もし（ホテル誘致）できなければ、という想定は全然していない。必ず来てもらえると考えている」と強調した。

新沖振法に期待と不安

■読谷補助飛行場跡地①

国道五八号から読谷村役場へと向かう村道中央残波線を進むと、広大な土地が目の前に広がる。日米特別行動委員会（SACO）最終報告に基づき、二〇〇六年に村が嘉手納弾薬庫の村有地と等価交換で国から取得した読谷補助飛行場跡地(一九〇・七ヘクタール)だ。

同跡地は農業を主体とした開発が進められ、商業、住宅用地として開発される例が多い中南部の基地跡地とは一線を画す。同じような商業地開発が〝市場の食い合い〟と懸念される中、読谷村の取り組みは新たな跡地開発の事例として注目されている。

事業は二〇一一年度の完成を予定している陸上競技場をはじめ、村道整備や県営かんがい排水事業など十事業が進行中で総事業費は約一二〇億円。一事業を除く九事業が一四年度までに終了する見通し。一一年度の進捗《しんちょく》状況は事業費ベースで約四二%。懸案事項だった旧黙認耕作地の解消もめどがついたことで、跡地利用計画に弾みがついている。

一方で不安要素もある。施設整備には高率補助制度が使われているが、制度の根拠となる沖縄振興特別措置法が二一年度末に期限切れを迎える。仮に高率補助が廃止され、一割負担から全国と同様に五割負担となった場合、約一二〇億円の事業費のうち、村の負担は約十二億円から約六十億円と五倍になると試算している。

村に五倍もの負担を背負う財政的余裕はない。財政の弾力性を示す経常収支比率も〇九年度が八六・三％と決して弾力性があるとはいえない。歳入に占める基地関連収入も軍用地の売却などで頭打ちの状態だ。

石嶺伝実村長が「財政需要はまだたくさんある」と話すように、今後控えている事業も多い。同飛行場跡地だけでロードパーク整備事業など六事業を計画。将来的には、村役場や運動広場がある村民センター地区と、飛行場の南端に建設予定の赤犬子展望広場を駐車場機能を備えたロードパークでつなぎ、住民の憩いの場にする予定だ。事業費は三十五億円を超える。その多くが高率補助が前提事業だ。

さらに、同飛行場跡地以外にも楚辺通信所跡地、瀬名波通信施設跡地なども開発が計画されている。村跡地利用推進課の大城友誼課長は「基地を返還したから終わりではなく、返還後も国の責任で事業終了までサポートしてほしい」と語る。

沖縄振興の転換期に差し掛かる中、村は跡地利用推進法（仮称）や沖振法の行方を固唾《かたず》をのんで見守る。

長引いた所有権問題

■読谷補助飛行場跡地②

農業を主体とした開発が進む読谷補助飛行場跡地は戦後、旧地主の所有権をめぐる争いが長年続いた。さらに同跡地の返還に伴い、旧黙認耕作地問題が表面化。二〇〇七年には、土地の明け渡しに応じない耕作者十二人を村が提訴した。県内で唯一、基地跡地の所有権をめぐる裁判は、四年の歳月を経て村の所有権が認められる形で和解が成立。止まっていた事業は再開された。

開発が進む読谷補助飛行場跡地。跡地には今も耕作の中止を求める看板が点在している＝読谷村

旧地主の所有権と黙認耕作地問題の根源は戦中までさかのぼる。四四年に完成した読谷補助飛行場は旧地主と旧日本軍との間に正式な売買契約の下、建設されたものと国が断定したため、沖縄の本土復帰後も所有権が旧地主に戻ることなく、国有地として米軍に提供された。

一方で、その間の土地への出入りは自由となり、旧地主に関係なく村内外から多くの住民が飛行場跡地で耕作を始めた。復帰後も耕作は〝黙認〟される形で続けられ、住民の多くが生きる糧を得ていた。

その後、飛行場跡地の三分の一を占める座喜味区の住民を中心に所有権の回復を求める運動が活発化。七四年には、所有権回復地主会の前身となる旧読谷飛行場用地所有権獲得期成会が結成され、村とともに所有権回復に力を注いだ。

だが、一向に変わらない状況に両者は方針を転換。等価交換という手法で村が飛行場跡地を取得し、旧地主関係者で組織する農業生産法人に土地を貸し付け、将来的に同法人に払い下げる仕組みを盛り込んだ跡地利用計画を策定した。計画は国に認められ、同跡地の全面返還が実現した。石嶺伝実村長は「村の判断は間違っていなかった」と断言する。

村の計画に納得できない一部の耕作者もいる。土地の明け渡し要求を拒否した住民は返還後も耕作を続けた。和解により耕作者解消に弾みがついたが、小規模耕作者を含め、依然として約五十人（二〇一一年八

読谷補助飛行場の主な経緯

1944年	旧日本軍が北飛行場を建設
45-72年	米軍が読谷補助飛行場用地として使用
72年	復帰後は国有地として提供され米軍が使用
78年４月	滑走路東側約101㌶が返還
87年	読谷飛行場転用基本計画策定
96年12月	SACOで楚辺通信所移設後の返還を合意(2000年度目途)
05年３月	読谷補助飛行場跡地利用実施計画策定
５月	沖縄振興審議会で読谷補助飛行場跡地利用実施計画策定を報告
06年７月	読谷補助飛行場一部返還
12月	全面返還
07年４月	土地の明け渡し要求に応じない耕作者を村が提訴
10年４月	那覇地裁沖縄支部は村の所有権を認め耕作者に土地の明け渡しを命じる
11年２月	段階的に土地を明け渡しする内容で村と耕作者で和解が成立

月現在）が耕作を続けており、村は今後も交渉を続けていく構えだ。

跡地利用計画の実施主体の農業生産法人にも課題は残る。旧地主六六三人中、生産法人に加入しているのは二割ほどで受け皿として十分とは言えない。地主会の伊波篤副会長は「地主会全員が計画の中身を共有しているとは言い難い。法人強化のために粘り強く話し合いを進めるしかない」と語る。

戦中から始まった土地をめぐる争いは一定の解決をみたが、農業による利活用が成功するか否かは今後の地権者の熱意にかかっている。

利用前に給付金終了

■楚辺通信所・瀬名波通信施設

「象のオリ」と呼ばれた巨大アンテナが米軍基地の象徴として注目を集めた読谷村の楚

辺通信所。二〇〇六年に全面返還された同跡地は現在、村内では初の試みとなる地区計画制度を活用した跡地利用が予定されている。しかし土地利用が始まらないうちに、返還に伴い地料に代わり支給される特定跡地給付金が一〇年に打ち切られ、地主は収入を断たれた。

一一年五月二十三日。同跡地地主会の総会に参加した地主らは、跡地利用について地主の要望が反映される地区計画によるまちづくりを満場一致で決めた。返還から五年の歳月を経て、ようやく跡地利用の方向性が定まった瞬間だった。

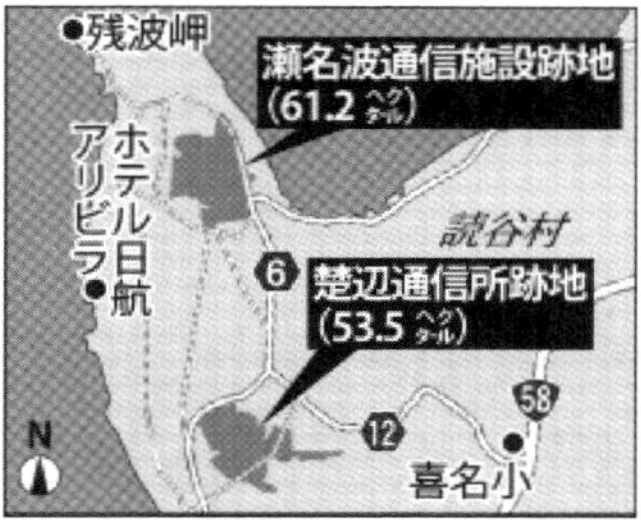

地区計画は、公園の配置や建物の大きさなど地主らが定めた〝ルール〟に沿って事業が進められる制度で、きめ細かな「まちづくり」ができるのが特徴だ。地主会と村は年度内に、推進地区に指定した箇所から具体的な整備計画を策定する予定で、順調に手続きが進めば一三年度中には予備設計に取り掛かれる。

さらに、楚辺通信所と同じ〇六年に返還された瀬名波通信施設跡地の地主会でも一一年六月に開いた総会で、宅地などの非農地を最大で三割確保できる県の畑地帯総合整備事業（担い手

象のオリと呼ばれた巨大アンテナが立っていた楚辺通信所跡地。今はただの原野となっている＝読谷村

育成型）による跡地利用を決定した。現在、地主会でつくる瀬名波地区農振担手育成畑総推進会が仮同意作業を進めており、一一年中に採択基準となる八〇％の同意を目指す。七月末の同意率は五八％だ。

ただ、事業実施までの道のりは遠い。まずは、村が同跡地を農用地区域に指定しなければならないが、こちらも同様に地主会の同意が重要な要素だ。しかし、同跡地の地主の約三五％は村外在住で一部は同事業の導入に後ろ向き。合意形成には高い壁が立ちはだかる。同跡地も特定跡地給付金支給が終わり、地主は影響を受けている。

楚辺通信所返還跡地利用地主会の比嘉郁也理事長は「事業の完了まで国が面倒を見てほしい」と

給付金の継続支給を含めた救済策を求める。瀬名波地区農振担手育成畑総推進会の當山勝吉会長は「とにかく早急に同意を取り付け事業を進めるしかない」と切実だ。

日米安保という国策によって長年土地を提供してきた地主たち。返還後の跡利用計画はまだ時間が必要だが、特定跡地給付金は既に切れた。地主に負担を強いる現行の法制度の〝不備〟が両跡地にも出ている。

〝細切れ返還〟計画立たず

■那覇新都心①

「蜂の巣のような返還で、土地利用計画を立てられる状況ではなかった」。那覇市の都市計画部長などを務め、米軍牧港住宅地区だった那覇新都心の開発に取り組んだ高嶺晃さん（六四）は苦々しい表情を浮かべこう振り返る。

「牧港住宅地区」は一九五三年の「土地収用令」で強制収用され、建設された。フェンスに囲まれた約一九〇ヘクタールに一、一八一戸の米軍人用住宅のほか、プール、スケート場、ゴルフ場、ＰＸ、小学校などがあった。同地区は七五年七月の六千平方メートルを皮切りに、八七年五月の全面返還まで六回に分けて部分返還された。全面積が返還されるまで十二年間の歳月が過ぎた。

牧港住宅地区返還の経過

返還年月日	面積（千㎡）
1975.7.31	6
1977.4.30	229
1980.3.31	1
1983.6.30	0.48
1985.5.14	24
1987.5.31	1666
小　計	1926

最終の返還時期が見えない〝細切れ返還〟が続く中、土地利用計画は変更を余儀なくされてきた。県、那覇市、地域振興整備公団が実施した地主へのアンケート結果を踏まえた八一年の「那覇市都市開発整備に係る共同調査報告書」では、住宅地を主として配置した計画図が示された。しかし、いくつかの修正を経て、政府施設、地方行政施設、民間施設の三者の立地を都市計画に盛り込んで地域整備する「シビックコア」というまちづくりに変わった。

長期間にわたる細切れ返還は地主の合意形成を一層、困難にした。返還された地主、そうでない地主の間の跡地利用に対する温

返還前の牧港住宅地区。整然と並ぶ米軍の住宅＝ 1973年

度差は広がっていった。高嶺氏は「同じテーブルに着くのも難しかった」と当時の状況を語る。

地主の数も増えていった。最初の返還時は約千三百人だった地権者数も、土地区画整理事業で地主に土地を割り当てる換地処分をする時には三千五百人まで膨れた。地主への説明会を開催するたびに、「初めて聞いた」という地主が現れ、調整の仕切直しを強いられた。

元那覇新都心地主協議会会長の内間安晃さん（五八）は「部分返還は地主にとって不幸の固まり」と語気を強める。沖縄県駐留軍用地返還特別措置法（軍転特措法）が施行されたのは九五年からで、施行前に返還された牧港住宅地区は対象ではなく、地主への給付金の支給はなかった。時間がたつにつれ、相続税の支払いや生活のため、土地を手放す地主が増えた。

結局、最初の返還から事業完了まで三十一年を費やした。現在では商業施設や公共施設が集積しにぎわう那覇新都心の開発に奔走してきた内間さんは強調する。「地主は日米両政府に振り回されてきた。嘉手納基地より南の返還も、返還の時期が明確でないところは、新都心と同じ状況。跡地利用は政府が責任を持って進めてほしい」。

官主導で商業中心地に

■那覇新都心②

約二一四ヘクタールに大型商業施設や映画館、ホテル、美術館・博物館、地方合同庁舎などの行政施設、公園が立ち並ぶ那覇新都心。基地の跡地に都市機能が凝縮された一つのまちが出来上がった。わずか十数年前まで一面原野だった姿を現在の活況から想像することは難しい。

那覇新都心は県都那覇市に唯一残された大規模開発が可能な土地として、政府施設、地方行政施設、民間施設の三者の立地を都市計画に盛り込んで地域を整備する「シビックコア」という官主導のまちづくりが進められた。

官主導で開発が進んだ那覇新都心

一九八九年、県知事と那覇市長の要請を受け旧地域振興整備公団（現・都市再生機構）が作成した事業実施基本計画が国から認可を受けた。三年後の九二年、公団は土地区画整理事業に着手、事業費約一、一一〇億円を投じ、〇五年に完了した。

那覇新都心の固定資産税課税額と家屋数

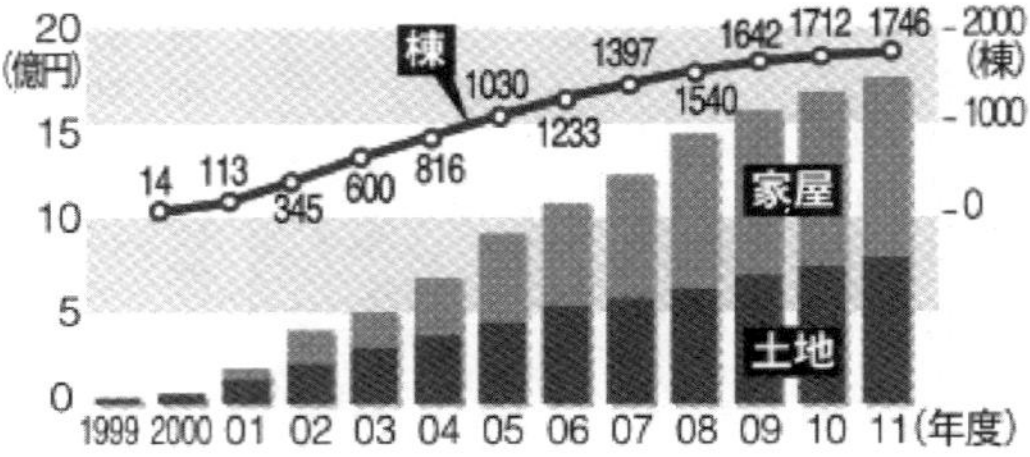

※課税額、家屋は累計

九八年の県立那覇国際高校開校を皮切りに、沖縄職業総合庁舎、沖縄振興開発金融公庫など行政施設が建設され二〇〇〇年以降は、大型商業施設や、戸建て・アパート、マンションの建設ラッシュが続き、空き地が商業地や住宅地に瞬く間に変貌した。

開発が進んだことで人口も急速に増加した。事業開始時点で約一、〇一〇人だった同地区の人口は一一年六月現在で一万九、二九二人と十九倍に膨らんだ。同地区の人口増は、流出が続き三十万人割れが懸念された那覇市の人口を三十一万九千人まで押し上げた。

固定資産税などの税収アップももたらした。一一年度の課税対象家屋は一、七四六棟。二〇〇〇年度から一一年度の累計課税額は、家屋が九億四、三〇〇万円、土地が七億八、八〇〇万円の計十七億三、一〇〇万円に上る。

県が〇七年に主な返還跡地の経済的な影響効果をまとめた「駐留軍用地跡地利用に伴う経済波及効果調査」によると、那覇新都心地区の〇二年の生産誘発額は八七四億円で、返還前の五十五億円に比べ十六倍となった。

返還された牧港住宅地区は那覇の新たな顔として、週末ともなれば家族連れから若いカップルらでにぎわう県内を代表する繁華街に生まれ変わった。元那覇新都心地主協議会会長の内間安晃さん（五八）は「区画整理では減歩率（減歩とは道路や公園等公共用地を確保するために各所有者の土地を減らすこと）の割合をめぐって地主の合意取り付けが難航した。しかし、減歩によって、道路や公園などが整備され、基地であったときより、土地の価値は上がった」と強調した。

環境汚染で開発遅れ

■キャンプ桑江

北谷町の中心に位置するキャンプ桑江跡地。米海軍病院が立地する南側地区（約六十ヘクタール）に先行して二〇〇三年に返還された北側地区（貯油施設を含む三九・五ヘクタール）は、町の区画整理によって土地が整備され、町道ができ始めた。平らにならされた土地に不動産業者の看板が立ち、いよいよ九月の第一期使用収益が始まった。

「やっと落ち着いてきた。後は何も出ないよう祈り、見守るだけだ」。約三二〇人の地権者の先頭に立って行政との調整役を務めてきた北谷町軍用地等地主会跡地利用委員会の玉城清松・元委員長は、返還後の八年間を振り返る。

同跡地は異物の発見と原状回復の繰り返しだった。武器、不発弾、油、鉛、アスベスト（石綿）…。地中から見つかって処理した後にまた見つかる。

異物処理には膨大な時間がかかる。発見されると工事をいったん止め、沖縄防衛局への通

開発が進むキャンプ桑江北側地区（手前）＝2011年８月、北谷町

報、調査・処理のための予算措置を経て処理に入る。〇六年十二月に油漏れで土壌を汚染した燃料タンクが見つかったときには、処理開始が約三年後の〇九年十一月、処理が完了したのは一〇年三月だった。

返還跡地で不発弾や土壌汚染が見つかり、原状回復に時間がかかる例はたびたびあった。これに対応して、〇二年に制定された沖縄振興特別措置法（沖振法）では、大規模返還や環境汚染など原状回復に時間がかかる跡地の給付金については、県駐留軍用地返還特別措置法（軍転特措法）に基づき三年間支給された後も、一定期間延長されることになった。

キャンプ桑江北側は沖振法施行後、初の適用事例だった。しかし同跡地は国が原状回復を終え地主に引き渡した後もさらに土壌汚染が確認され、大規模な土壌入れ替えなどに時間がかかった。にもかかわらず、給付金は一年半の延長で打ち切られた。同地主会によると四年半で地権者に支払われた給付金は総額約二十一億八千万円。しかし〇七年十月以降は土地からの収入はゼロになり、地権者には固定資産税の負担がのしかかった。

玉城さんは「燃料タンク一つのために三年かかったこともあった」と遅すぎる国の対応と制度の不備に憤りを隠さない。

現状は、軍用地の汚染の有無などの調査ができるのは返還後で、それが跡地利用を遅らせている。町の区画整理担当者は「返還前に立ち入り調査をして、スムーズに返還、跡地利用を進める仕組みが必要だ」と話す。予測できない土壌汚染に苦慮してきた現場の声が新たな跡地利用推進法に生かされることを強く望んでいる。

商業施設進出に反対も

■アワセゴルフ場①

米軍施設の象徴であるフェンスは取り払われ、掘り起こされた土砂がむき出しになっている。北中城村のアワセゴルフ場跡地（約四八ヘクタール）は返還から一年が経過した現在、国による不発弾探査や環境調査など原状回復作業が行われている。緑の芝生に覆われたゴルフ場からは様変わりした。

米軍アワセゴルフ場は二〇一〇年八月に返還された。原状回復作業が終了する一一年十二月にも土地は防衛施設局から地権者でつくる土地区画整理組合設立準備会（吉村正夫委員長）に引き渡される予定だったが、汚染物質が検出されたため、一二年三月末に延ばされた。

同準備会は文化財調査や環境影響評価（アセスメント）などの手続きが終了次第、正式に土地区画整理組合を設立し、造成工事に着手。一三年秋には最初の出店事業者としてイオンモール（東京都）がジャスコをメーンテナントとした大型商業施設を開業させる予定だ。その後、周辺の住宅地の整備を順次進め、一六年度にはほぼ全ての土地が利用可能になる計画となっている。

返還跡地としては異例の早さで開発が進んでいるかに見える。作業が順調に進めば、駐留軍用地返還特別措置法（軍転特措法）で定められた地主への三年間の給付金支給期間から大幅に遅れることなく土地利用が始まり、地主への経済的損失は少なくなる。

北中城村の新垣邦男村長は「給付金がある三年間に街づくりのめどを付けられれば地主も安心して土地利用に取り組める」と話し、「嘉手納より南の返還も予定される中、アワセゴルフ場を跡地利用のモデルケースにしたい」と意気込む。

しかし、この計画にブレーキをかける懸念材料がある。大型商業施設の進出に対し、隣接する沖縄市側が反対を表明したのだ。市や沖縄商工会議所などの経済団体は「市の中心市街地が衰退、壊滅してしまう」と訴える。沖縄市の中部徳洲会病院が同跡地への移転を検討していることも反対に拍車を掛ける。

同跡地は中部の中心市街地を抱える沖縄市に隣接し、西に新興商業地である北谷町の美浜やハンビー地区がある。

東北方向には埋め立てにより生まれた中城湾新港地区に沿ってロードサイド型の大型店舗が並ぶ。アワセはいわば後発の出店地だ。

商業地と住宅地を組み合わせた跡地開発が〝パイの奪い合い〟などと評される中、同跡地の街づくりは今後の中南部の返還跡地が必ず直面する課題をあぶり出す。

開発は広域調整が鍵

■アワセゴルフ場②

米軍アワセゴルフ場の跡地開発で焦点となっているのは県内で初となる都市計画法上の「広域調整」だ。

同跡地はイオンモール（東京）が出店を決め、開発を主導する北中城村アワセ土地区画整理組合設立準備会（吉村正夫委員長）に社員一人を出向させている。同社は跡地の一六〜一九ヘクタールに県内最大規模の商業施設を計画する。担当者は「イオン具志川店は店舗の端から端まで約二百メートルだがアワセは他の全国のイオンモールと同規模の場合で四五〇メートル程。年間集客数は千二百万〜千五百万人」と話す。

床面積一万平方メートル超の大型商業施設を誘致するために必要な都市計画上の用途変更には「全ての関係市町村から反対意見がない」ことが条件だが、沖縄市の経済界は計画変更を求めている。

県は都市計画法に基づく「大規模集約施設の立地に係るガイドライン」で、担当部署や市町村の意見を聞くため北中城村と近隣六市町村を含めた「広域調整」を二〇一一年二月に始めたが、六月の担当者会議を最後に次回開催は決まっていない。北中城村は七月にも広域調整を終え、九月から都市計画案の作成に入りたい考えだったが、近隣市町村の反対が街づくりの変更や遅れにつながると懸念する。

県の担当者は交通量推計値など村の資料提出を待っている段階だとして「ガイドラインに商業的な調整はない。あくまで交通機能や自然環境への悪影響、優良農地の保全などの項目がクリアできるかだ」とし、「近隣でも合理的な理由がなければ反対できない」とする。
北中城村はアワセの経済効果を工事などの整備で八二七億円、街ができた活動段階で二四二億円と試算。近隣市町村を含め一万人超の雇用効果があると訴える。新垣邦男村長は「アワセは県外やアジアの観光客も集まるような街にして県経済の底上げにつながるような跡地開発を目指している。開発は中部全体の利益につながる」と強調する。

アワセゴルフ場跡地の経済効果
（北中城村作成）

	経済効果	雇用者所得	雇用人数
工事期間	827.0 億円	206.5 億円	8,903 人
街整備後（1年当たり）	242.4 億円	53.6 億円	1,614 人（正規雇用換算）

準備会の吉村委員長は接収された比嘉集落の出身。「古里の村が六十数年ぶりに戻ってくる喜びで地権者はまとまった。先輩たちが生きている間に街づくりを終え、古里の再生を見せてあげたい」と話す。「アワセは高級感ある〝大人の街〟がコンセプト。アワセの成功は普天間飛行場を含めた基地跡地の開発モデルとなり、県民に基地の返還がどれだけ素晴らしいかを知らせる例になるだろう」と述べ、地主への給付金のある三年以内に街づくりのめどを付けたいと訴えた。

汚染、合意形成で難航

■恩納通信所①

「調印にこぎ着け、ほっとしている」。二〇〇九年三月三十一日、恩納通信所返還跡地利用地主会の島袋啓会長は、ベルジャヤ・ランド社（マレーシア）のジョセフ・ウオンCEOと固い握手を交わした。両者はこの日、米軍恩納通信所跡地でリゾート開発を進める合意書に調印。九五年の返還以降、紆余《うよ》曲折をたどった跡地利用計画が再び動き出した瞬間だった。

リゾートホテルが林立する恩納村の中でもエメラルドグリーンの海に面した同通信所跡地。リゾート開発にうってつけの場所だが、返還から十六年を経た現在も空き地のままだ。返還後、跡地でPCBや水銀などの有害物質が発見され、原状回復に長期間かかったのに加え、地主の合意形成や企業誘致に時間を要し、地主は土地収入がない状態が長年続いていた。

返還後に有害物質が見つかった米軍恩納通信所跡地。現在は空き地と林が広がる＝2011年８月、恩納村恩納

ベルジャヤ社は、最高級ホテル「フォーシーズンズホテル」の誘致を目玉に、分譲住宅や商業施設、ホテル従業員の育成施設などを計画している。現在は環境影響評価の方法書を作成している段階で、一二〜一三年内の着工を目指す。段階的に整備し、ホテル開業は開発許可申請から五年後、全体の開発完了は十年後を予定している。

四八・九ヘクタールの用地は地主約四百人から賃貸する。百年という長期の賃貸契約だが、九割超は合意を得られる見込みという。区有地賃貸を決めた恩納区の瀬良垣健区長は「（開発で）『生活環境が変わる』という不安はある」としながらも「地主は長年ほったらかされてきた。実現すれば地元の物品調達や雇用も生まれる」と期待する。

同通信所では返還当時、地主や村などが「跡利用計画検討委員会」を設置。ゴルフ場建設を中心とした計画をまとめたが、地主数人の合意が得られず九九年に断念した。その後、独立行政法人通信総合研究所の「沖縄亜熱帯計測技術センター」や村の「ふれあい体験学習センター」が立地したが、開発可能な五六・二ヘクタールのうち、五二・一ヘクタールは未整備のままだ。

跡地利用の遅れを招いた要因の一つは返還後の九六年三月に発見されたPCBなどの有害物質だ。汚水処理槽内の汚泥に含まれていた。当時、十社ほどが跡利用計画検討委員会に開発を提案していたが、景気の悪化に伴い次々と手を引いた。同委員会の当山忠茂元会長は「汚染が撤退の直接的な原因ではないが、引き渡しが遅れるうちに景気が悪化し、企業が投資に消極的になっていった」と間接的な影響を指摘。苦い教訓を基に「基地跡地は何が出てくるか分からない。返還前の調査が絶対必要だ」と訴えている。

軍転法、不備浮き彫り

■恩納通信所②

一九九五年十一月に全面返還された米軍恩納通信所は、同年六月に施行された県駐留軍用地返還特別措置法（軍転法）の適用第一号となった。軍転法により、地主は地料の補償として最長三年の「返還給付金」が受け取れるようになり、返還後の収入確保が期待されていた。だが、同通信所の事例は、軍転法のさまざまな不備を浮き彫りにした。

建造物の撤去や有害物質の移設が完了し、全ての土地が引き渡されたのは返還から二年四カ月後の九八年三月。地主には返還給付金や、建造物を撤去し土地を引き渡すまで支給される「特別管理費」など計九億二千万円が支給されたが、特別管理費の支給期間は返還給付金の支給期間から差し引かれた。返還から三年後、跡地利用が始まらないまま地主は土地収入を失った。

地主や村などでつくる「跡利用計画検討委員会」の初代会長を務めた当山忠茂氏は「撤

去中は土地を使えないのに、返還給付金の支給期間から差し引くのはおかしい」と批判する。県は軍転法に代わり国に立法を要求している駐留軍用地跡地利用推進法（仮称、跡地利用推進法）の案で、土地の原状回復が終わり地主に引き渡された時点から三年間、さらに土地区画整理事業などが必要な場合は土地が使えるようになるまで、給付金を支給するよう求めている。

恩納通信所の後に返還された基地でも、返還後有害物質や不発弾が見つかる事例が相次いだ。軍転法では、自治体は国に対し返還前の立ち入り調査のあっせん申請ができると定めているが、実際には機能していない。県は跡地利用推進法の案で、国に所管部署を設けるなど条文が生かせる仕組みづくりを求めている。事前の立ち入り調査は米軍の抵抗が強いが、県の担当者は「国は（調査できるよう）米側としっかり協議してほしい」と強調する。

跡地利用推進法案は、嘉手納より南の大規模返還を見据えたものだ。だが、北部にも広大な米軍基地が多くある。当山氏は「恩納通信所の規模でも跡地利用計画をまとめるのは大変だった。不況が続く中、今後返還される基地はより難しくなるだろう」とみる。志喜屋文康恩納村長は「跡地利用は地主や市町村だけでは難しい。県は、北部を含めた沖縄全体の跡地利用のグランドデザインを示してほしい」と求めた。

おわりに

二〇一一年九月、「ひずみの構造」の連載を終えるにあたって、琉球新報社は「基地跡利用を考えるシンポジウム」を開いた。米軍基地跡地の地主補償などを定めた駐留軍用地返還特別措置法（軍転法）の期限切れを前に、返還された跡地を迅速に有効活用できる法整備はどうあるべきかがテーマだった。

基調講演した仲井真弘多知事は、基地跡地は「沖縄全体の発展につながる空間資源」と指摘した上で、県が初めて策定した長期構想「沖縄21世紀ビジョン」の柱に「基地の負担軽減を挙げている」と述べ、基地返還が望ましいとの考えを強調した。

経済界出身・保守系の仲井真知事が米軍基地の返還と跡地開発を積極的に求めるほど、沖縄経済の〝基地依存度〟は低くなっていることを物語るものだ。沖縄の本土復帰から四十年。隔世の感がある。

「ひずみの構造」は一一年十二月、反核や平和などの分野で優れた報道などに贈られる第十七回「平和・協同ジャーナリスト基金（ＰＣＪＦ）賞」の奨励賞を受賞した。ＰＣＪＦの選考委員からは「沖縄経済の実態を解明した力作」「米軍基地の存在はいまや経済発展の阻害要因となっていることを明らかにした点を評価したい」「沖縄問題と原発立地の構造は、国への依存構造をつくる点で似ているという指摘に注目したい」などと講評された。

米軍基地も原発も「負の施設を押しつけ、金で補償する方法」で維持されてきた。それが真の地域振興につながらないことに多くの人が気付き始めている。

ただし、原発の立地が誘致決議などの形で「地元の承認」を必要としているのに対し、米軍基地の整理縮小を求める沖縄の民意は無視され、基地が強制使用されることへの拒否権もない。今も日米両政府は、多くの県民の反対にもかかわらず、米軍普天間飛行場の名護市辺野古沖への移設計画を強行しようとしている。

一二年四月に施行された駐留軍跡地利用推進特別措置法は、地主への給付金の延長など、県の要望が大幅に盛り込まれたものとなり、本書に記した跡地利用の困難性を克服する一助となりそうだ。

今後は日米両政府が返還合意した嘉手納基地より南の基地の跡地開発が大きな課題になるだろう。基地として使われるよりも、返還によって県民が利用することの方が経済的にも大きなメリットを生むことは本書でも指摘した。それが、基地経済がもたらした沖縄社会のひずみを是正し、沖縄の真の〝自立と自律〟につながることを期待したい。

取材・執筆には経済部・外間聡、問山栄恵、北部支社報道部・平安太一、外間愛也、伊佐尚記、中部支社報道部・吉田健一、増田健太、南部報道部・座波幸代、政治部・島洋子の各記者が当たった。

最後に、出版までの煩雑な作業を進めていただいた新星出版の徳元あおいさんに感謝申し上げたい。

琉球新報社編集局政治部　島洋子

奔流の彼方へ

——戦後70年沖縄秘史

朝鮮戦争、米占領下など戦世の奔流に翻弄されてきた沖縄。ハワイと沖縄の絆を振り返り、謎に包まれた米軍情報機関ＣＩＣに迫った琉球新報戦後70年企画を書籍化

島袋貞治 著
琉球新報社 編
新書判・288頁
定価1,000円＋税

日本ジャーナリスト会議賞受賞

呪縛の行方

普天間移設と民主主義

県外移設はなぜ実現しないのか。官僚支配と政治の怠慢に肉薄し、沖縄の重圧で成り立つ日米安保と民主主義の熟度を問う入魂の一冊

琉球新報社編
四六判・332頁
定価1,524円＋税

ひずみの構造　新報新書［4］
基地と沖縄経済

2012年8月11日　初版第1刷発行
2016年9月22日　　　第4刷発行

編　著　琉球新報社
発行者　富田　詢一
発行所　琉球新報社
〒900-8525
沖縄県那覇市天久905
問合せ　琉球新報社読者事業局出版部
電　話（098）865-5100
発　売　琉球プロジェクト
印刷所　新星出版株式会社

ISBN978-4-89742-148-3 C0233
定価はカバーに表示してあります。
万一、落丁・乱丁の場合はお取り替えいたします。